Bistümer der Bundesrepublik Deutschland

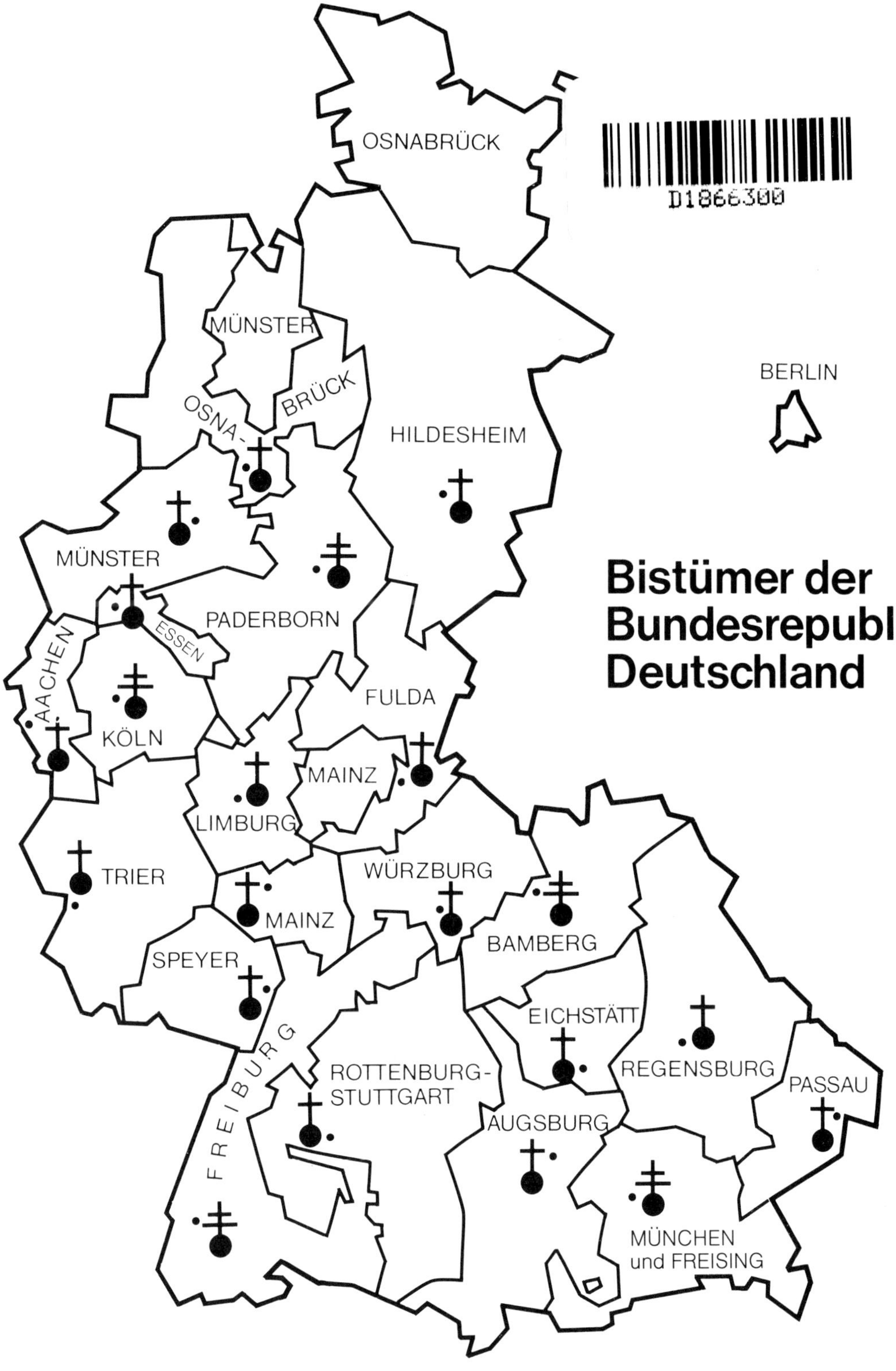

Maria-Christine Zauzich

UNSERE BISCHÖFE

Maria-Christine Zauzich

UNSERE BISCHÖFE

Die Bischöfe der Bundesrepublik Deutschland und Berlins und ihre Bistümer

Herausgegeben von P. Gerhard Eberts

PATTLOCH VERLAG

Bildnachweis: KNA (62), Anton Fuchs (1),
Klaus Herzog (2), Kirchenzeitung Eichstätt (1),
d-e-w-Foto (1), Dieter Rensing (1),
Helmut Müller (1), Tilo Kotschenreuther (1),
Eberhard Zwicker (1), Helmut Hien (1),
Darchinger (1), Foto Gerhard (1)
Bildarchiv der einzelnen Diözesen
Textbeitrag: „Die Katholische Kirche
in der DDR", Pressedienst der
Deutschen Bischofskonferenz, Bonn
Porträts der Bischöfe Paul Josef Cordes,
Ludwig Averkamp und Walter Kasper von
P. Gerhard Eberts
Porträts der Bischöfe Georg Sterzinsky und
Joachim Kardinal Meisner von Wolfgang
Rollik

2. überarbeitete Auflage
Pattloch Verlag Augsburg
Weltbild Verlags GmbH, 1989
Layout: Paul Günther, Elisabeth Hackel
Umschlaggestaltung: Reinhold Föst
Karten: Anneliese Sturm
Gesamtherstellung: Appl, Wemding

ISBN 3-629-91332-6

Inhalt

Ein Buch wie dieses, mit einer solchen Fülle von Daten und Fakten aus zweiundzwanzig Bistümern, wäre nie zustande gekommen, ohne die liebenswürdige und geduldige Unterstützung vieler Kollegen und »guter Geister«: Ich danke den Chefredakteuren der Kirchenzeitungen, den Referenten der Bischöflichen Pressestellen, P. Gerhard Eberts, dem nimmermüden Lektor, den Sekretären der Bischöfe, Frau Petra Kess, die die zweite Auflage betreute, Frau Anita Heyden und Edeltraut Vitt, die beim Sammeln und Ordnen halfen, meiner Schwester Elisabeth, die Zeit fand für's Gegenlesen ...

Maria-Christine Zauzich

»Alle meine Hirten«

»Bischofsporträts? So was liest kein Mensch«, prophezeiten die einen. Andere signalisierten Neugier: Sie fanden es »kaum zu glauben«, daß es einer Frau und Nichttheologin gelungen sei, 22 deutsche Bischöfe fast alle zu besuchen, mit allen eine Stunde oder länger zu plaudern. Journalistenkollegen behaupteten, sie würden – trotz antikirchlicher Vorurteile – gern mal mit einem Bischof dinieren, weil man doch rein gar nichts über diese Spezies Mann wisse. Das Nichtwissen teilen sie allerdings mit vielen praktizierenden Katholiken – bis hin zu kirchlichen Angestellten. Wie oft bin ich gefragt worden: »Wie ist denn unser Bischof so – persönlich?«

Der Anlaß, alle Bischöfe in einer Serie zu porträtieren, war eigennützig.[1] Ich versprach mir von persönlichen Gesprächen Vertrauenszuwachs, bessere Kontakte. Das Verhältnis zwischen kirchlicher Obrigkeit und Journalisten ist nicht immer optimal. Da beauftragt etwa der Bischof nach einer Leserbeschwerde einen Zuständigen, damit dieser wieder einen Zuständigen beauftrage und am Ende ein Dritter oder Vierter den Schreiberling rüge – eine Quelle für Mißverständnisse auf beiden Seiten. Wie leicht hätte man doch über einen direkteren Draht alles in fünf Minuten klären können ...

Der Haupteinwand gegen die Bischofsporträts ist einsichtig: »Zu unkritisch«. Ob ich Angst gehabt hätte, als »Nestbeschmutzer« zu gelten, da Kritik an einem kirchlichen Amtsträger bei uns oft als Kritik an der Kirche gedeutet wird? Warum ich verschwiegen hätte, wie unmöglich sich jener Bischof damals geäußert hätte ... usw. Die Antwort ist einfach: Geplant waren Bischofsporträts – und Porträts sind nicht Kritiken.

Wenn nun, ohne Namen zu nennen, in einem Vorwort die Porträts doch noch einige kritische Farbtupfer erhalten, so soll dies der Vollständigkeit dienen – dem besseren Kennenlernen von Hirt und Herde. Apropos Hirten: Gern hätte ich ein Bischofsbuch »Alle meine Hirten« betitelt; augenzwinkernd, doch ein durchaus liebevolles Verhältnis zur »Amtskirche« andeutend. (Die »Amtskirche« steht in Anführungszeichen, seit ein Bischof schrieb, den Begriff gebe es theologisch nicht.) »Alle meine Hirten« – das klingt nicht ernst genug. Ernst aber ist im Umgang mit deutscher (auch kirchlicher) Obrigkeit angebracht.

Es wäre auch reichlich unklug, von »meinen Hirten« zu sprechen: Das ließe auf ein völlig unemanzipiertes Verhältnis zu kirchlicher Autorität schließen, und mit brav dahintrottenden Schafen möchte ich auch nicht identifiziert werden. Andererseits gefällt mir das Bild vom Hirten besser als das vom Aufseher – so die wörtliche Übersetzung für »episcopus« (Bischof); es gab ihn als Gemeindevorsteher schon im Urchristentum.

Das Bildwort vom Hirten beschreibt im Evangelium immer geradezu mütterlich-zärtliche Sorge: Suche nach verirrten Schafen und guten Weideplätzen, Pflege der Kranken, Schutz vor Räubern ... Kennen unsere Hirten ihre Herden und umgekehrt? Vermissen sie die Verlorengegangenen – oder kümmern sie sich vor allem um jene, die sich eng um sie drängen?

Zweifellos sind alle Bischöfe informiert über den Rückgang des Kirchenbesuchs, Priestermangel, Ehescheidungen, Rückgang der Kindertaufen. Sie wissen von der Statistik her, daß die »Herde« gewaltsam dezimiert ist. Doch persönlichen Kontakt haben sie seltener mit Problemfällen, öfter mit jenen, bei denen »alles in Ordnung« ist. Bei

[1] Die Porträts dieses Buches beruhen auf einer Serie der Autorin für den »Rheinischen Merkur/Christ und Welt« zwischen 1983 und 1985.

(Firm)-Besuchen begegnet der Pfarrgemeinderat im Sonntagsstaat dem Bischof, der Kirchenchor singt, der Dritte-Welt-Arbeitskreis präsentiert Erfolge. Arbeiter, Ausländer, die selten in die Pfarrgremien gelangen, Ehepaare, die ihre Kinder nicht taufen lassen (in Teilen mancher Großstädte bis zu fünfzig Prozent), trifft er nicht. Und spräche er mit wiederverheirateten Geschiedenen, so würden sie sich hüten, zuzugeben, daß sie am Sakramentsleben der Pfarrei teilnehmen - sie wissen, daß er dies nicht billigen würde. Auch Mitglieder kirchenkritischer Gruppen, etwa des »Komitees für Christenrechte« oder der »Initiative Kirche von unten« sieht er kaum.

Die Mehrzahl der deutschen Bischöfe kommt aus bodenständigen, ländlichen, kinderreichen Familien. Kirchenaustritte in der Verwandtschaft, Nöte konfessionsverschiedener Ehen, lernen die wenigsten bei Geschwistern oder engen Freunden kennen. Vielleicht fehlt den meisten so etwas wie der »Bebebe«, der »Böse-Bischofs-Bruder«. Dieser wird in Bruce Marshalls Roman »Das Wunder des Malachias« so beschrieben: Er ist »ungläubig, ein Anhänger der Lehre, derzufolge Gott auf grünen Golfplätzen und unter blauem Himmel ebenso zu finden sei wie in Domen ... er ist berüchtigt wegen der Alkoholmenge, die er auf einen Sitz vertilgen kann und wegen seines unbedenklichen Umganges mit leichtsinnigen jungen Frauenspersonen ...«[2] Dieser »Bebebe« konfrontiert seinen Bruder auf dem Bischofsthron immer neu mit der weltlichen Wirklichkeit - doch ob so einer es überhaupt wagen würde, bei einem unserer Bischöfe an der Tür zu klingeln? Würde er - wo der Journalist oft wochenlang auf einen Termin warten muß - überhaupt vorgelassen? Würde er am Telefon bis zu ihm durchdringen?

Natürlich kann der Bischof nicht »Oberpfarrer« des Bistums sein. Doch manchmal scheint die Abschirmung so perfekt, daß persönliche Betroffenheit gar nicht entstehen kann. Typisch ist jener Kirchenmann, der zugibt, noch nie mit einer unfreiwillig kinderlosen Frau über deren Gefühle gesprochen zu haben. Gleichzeitig verkündet er im Brustton der Überzeugung, daß schon gesunder Menschenverstand sage, so etwas wie ein »Retortenbaby« sei verboten. Man solle halt »verzichten« oder möge ein Kind adoptieren.

Die Strenge, die Selbstverständlichkeit, mit der führende Kirchenmänner eindeutige, buchstaben- und gesetzestreue Antworten auf komplizierte menschliche Fragen geben, hat mich oft irritiert, manchmal entmutigt. Bleibt zu hoffen, daß mancher sich im Ernstfall doch noch als verständnisvoller, tröstlicher Beichtvater entpuppt, dem Gnade vor Recht geht.

Insgesamt ergibt sich der Eindruck, daß die Verteidigung des Übernommenen, die Sorge um die »Kirchennahen« im Mittelpunkt steht, die man »bei der Stange halten« muß. Der verstorbene Theologe Karl Rahner fragte schon 1972[3], ob die Träger des Amtes die Vorsorge gegenüber der kommenden Situation genügend ernst nähmen. Er schrieb: die Kirche müsse den »Schwerpunkt auf eine offensive Haltung für die Gewinnung neuer Christen aus einem ›unchristlichen‹ Milieu legen und nicht auf eine defensive Verteidigung ihres traditionellen Bestandes«. Wenn man unter mehreren Männern einen tüchtigen Pfarrer oder Bischof aussuche, so solle man fragen, »ob es ihm schon einmal gelungen sei, sich bei ›Neuheiden‹ Gehör zu verschafffen und wenigstens einen oder zwei solcher Neuheiden zu Christen zu machen ... Der beste Missionar in einer nichtchristlichen Diasporasituation wäre der beste Kandidat für ein kirchliches

[2] Bruce Marshall, Das Wunder des Malachias, Frankfurt 1953, Seite 24.

[3] Karl Rahner, Strukturwandel der Kirche als Aufgabe und Chance, Freiburg 1972, Seite 35 ff.

Amt, auch wenn er bisher sehr unkonventionell und für manche bloß traditionelle Christen ›anstößig‹ gewirkt hat.«
Neuheiden: Begegnet der Bischof solchen? Was sagt er zu dem Beispiel des siebenjährigen Mädchens, dem ich erzählte, mein Vater sei »tot, im Himmel«, und das entrüstet zurückfragte, ob ich denn etwa an Gott glauben würde. Kommentar: »Das sind doch Ausnahmen. Denken Sie an die vielen, die treu zur Kirche stehen. Und all die Jugendlichen, die zu Katholikentagen kommen ...« Journalisten, die auf das Faktum des Neuheidentums in säkularisierter Gesellschaft hinweisen, werden gern als Schwarzmaler und Pessimisten zur Ordnung gerufen: »Wo bleibt das Positive?«
Oft sind es jene Christen, die sich selbst auf dem Pfad rechtgläubiger Tugend und im Einklang mit (Kirchen)recht und Ordnung wissen, die verhindern, daß der Hirte von den anderen auf Irr- oder Umwegen Genaueres erfährt. So berichtete ein Bischofssekretär über eine Gemeinde-Delegation, die vor ihrem Besuch beim Bischof ankündigte, man werde ihm »unbedingt endlich mal sagen, wie es wirklich ›an der Basis‹ aussieht«; von den wiederverheirateten Geschiedenen in der Gemeinde werde man sprechen, den Protestanten, die an der Kommunion teilnehmen wollen, dem Führungsstil, den sie von ihm als Bischof nicht mehr akzeptieren würden ... Und wenn dann die »Audienz« da ist, so der Sekretär, verschlage es ihnen die Sprache. Da ist so viel von klein an gelernte Ehrfurcht vor dem Amt des »Aufsehers«, vor dem man nicht respektlos oder kritisch erscheinen mag, den man lieber doch nicht verärgern will.
Manchmal wird der Bischof geradezu in eine abgehobene Position gedrängt, wie etwa jener, der den Chauffeur bat, ihm den Wagenschlag nicht immer zu öffnen wie einem Fürsten. Der Fahrer aber bekam Ärger mit Kollegen, die ihm mangelnden Anstand gegenüber dem hohen Herrn vorwarfen. Nun muß der Bischof in aller Demut die unerbetene Ehrfurchtsbezeigung hinnehmen.
Ein stets beliebter Kritikpunkt in unserem Land ist der »Reichtum« der Kirche. Viel spricht dafür, daß die meisten Bischöfe privat bescheiden leben, essen und weit weniger Wert auf herrschaftliche Umgangsformen legen als mancher vermutet. Jener eine, der sich unwidersprochen von langjährigen engen Mitarbeitern »Exzellenz« nennen läßt, bei dem sogar auf Knopfdruck dienstbare Geister nach Wünschen fragen, dürfte die Ausnahme sein. Auch das Haus, das eigens für einen scheidenden Bischof (gegen manchen Widerspruch aus der Diözese) gebaut wurde, wird wohl ein Einzelfall bleiben.
Bischöfe leben entweder in weiträumigen, ererbten Palais oder in modern und großzügig gebauten Bischofshäusern – meist von wunderschönen Gärten umgeben. Die ketzerische Frage mag erlaubt sein, warum der eine oder andere nicht eine Asylbewerber-Familie bei sich wohnen läßt (wie es etwa der Pariser Kardinal Jean-Marie Lustiger tut). Mit Sicherheit leidet mancher unter den hohen kalten Räumen und dem strengen Blick fürstbischöflicher Vorfahren, die aus Barockrahmen auf ihn herabsehen und er würde sich über Kindergeschrei aus dem Park eher freuen. Einen »goldenen Käfig« nannte einer dieses »Zuhause«, und ein anderer erinnerte sich mit Wehmut an die kleine Mietwohnung früherer Jahre. Warum zieht er nicht aus und überläßt anderen »die Pflege abendländischen Kulturgutes«? Viele fürchten wohl das Gerede, oder daß Amtsbrüder ein solches »Aussteigen« als Provokation verstehen könnten. Jedenfalls hat jener Bischof, der (wie zuvor als Professor) weiter im Priesterseminar wohnen und mit den Seminaristen leben und essen wollte, keineswegs nur Beifall geerntet. »Unpassend«, »unnötig«, »übertrieben« ... Immerhin kommt bei ihm schon mal eine Jugendgruppe abends auf die Idee, ihn an-

zurufen und spontan zum Bier einzuladen. (Ob er Zeit hat, ist eine andere Frage.)
Nicht auszudenken, ein Bischof würde wohnen wie »normale Leute«, in einer Siedlung, einem Hochhaus ... Freilich dürfte es am Ende nicht von der Größe des Hauses abhängen, wie man miteinander umgeht. Eine Ordensfrau in Brasilien sagte dazu, entscheidend sei, ob jeder, arm und reich, den Weg zum Vater Bischof findet, ob die Türschwelle sich als Barriere erweist. Es ist schwer vorstellbar, daß das junge Arbeiterehepaar aus der Nachbarschaft noch etwas von seinem ursprünglichen Anliegen vortragen kann, wenn es zuvor über teppichbelegte Treppen, durch respekteinflößende Gemächer und Gänge herzklopfend in ein Vorzimmer geleitet wurde. Und es ist nicht leicht, in solcher Umgebung den »Hirt und Diener aller« zu entdecken.
»Das geht nicht« ... »Das kann man nicht zulassen« ... »Wenn das einreißt« ... Auffallend oft haben sich Bischöfe restriktiv, ja ängstlich erscheinend, geäußert, wenn ich nach neuen Wegen, Experimenten fragte. Die Antwort »Bitte, zitieren Sie mich dazu aber nicht«, kennt ohnehin jeder Journalist. Eine der Begründungen: »Wir Bischöfe haben vereinbart, daß wir als einzelne zu dieser Frage nicht Stellung nehmen. Wir müssen uns erst absprechen.« Was würde so Schreckliches geschehen, wenn der eine Bischof so und der andere so antwortet? Jeder Christ kann bei gewissenhafter Prüfung bestimmter Fragen zu unterschiedlichen Ergebnissen kommen, wie die Bischöfe selbst – zuletzt in der Friedensdiskussion – immer wieder mit Bezug auf das Konzil hervorhoben.
Warum muß ein katholischer Fernsehjournalist zu einer aktuellen Frage tagelang nach einem bischöflichen Gesprächspartner fahnden, der sich vor die Kamera wagt? Warum gibt es keine öffentlichen Debatten in der Bischofskonferenz, warum ist über Mehr- und Minderheiten bei Abstimmungen nichts zu erfahren? Auf die Frage, ob 70 Männer denn immer einer Meinung wären, wie manche Stellungnahme vermuten lasse, fragte ein Bischof zurück: »Wollen Sie denn, daß wir hier ›holländische Zustände‹ kriegen?« Doch es ist fraglich, ob diese Zustände (welche?) nur eintreten, weil eine Debatte – wie etwa die der Amerikaner über ihren Friedenshirtenbrief – öffentlich beobachtet werden kann.
Merkwürdige Ängstlichkeit zeigt sich auch anderswo: Mehrere Bischöfe haben sich im Gespräch auf Karl Rahner bezogen, dem sie als Theologe so viel zu danken hätten. Doch keiner hat seine Stimme erhoben, als Rahner wenige Wochen nach seinem Tod aus Rom heftig angegriffen wurde wegen eines kurz zuvor (mit dem Münchner Theologen Heinrich Fries) veröffentlichten Ökumene-Buches.
Oft bin ich gefragt worden, welcher Bischof denn »der netteste« gewesen sei. Was soll man da antworten? Am schwierigsten war zweifellos jenes Gespräch, bei dem der Bischof mir einen Platz ihm gegenüber anwies – mit schätzungsweise zweieinhalb Metern Tisch dazwischen – wie zwei Gegner. Das Gespräch wurde mit der Frage eingeleitet, ob ich Kaffee wünsche; man benehme sich hier nämlich selbst gegenüber den schlimmsten Journalisten, die auch schon in diesem Raum gesessen hätten, christlich. Fragen waren kaum anzubringen: Der Interviewte bestimmte, was gesagt wurde.
Anderswo ein Empfang wie eine Freundin des Hauses: »Zu Gast bei Familie Bischof«. Ein offenes, angstfreies Gespräch, ein Bischof der ohne allzugroßen Sorgen, daß das Umkraut den Weizen erstickt, beides zuerst einmal wachsen läßt. Leider gehört er zu den Stillen im Land. Und weil ihm das Wort nicht so leicht von der Zunge gehe, sagte er, verlasse er sich darauf, daß andere, mit denen man sich vorher abgesprochen hat, das Wort im Bischofskollegium ergreifen. Doch es sei merkwürdig, wenn sie dann alle bei-

einander wären in der großen Konferenz, verstummen plötzlich viele. Ob es an der einschüchternden Sitzordnung liegt? Ganz vorn die Kardinäle, dann die Erzbischöfe und Bischöfe, und auf den hintersten Stühlen schließlich die dienstjüngsten Weihbischöfe ...

Erstaunlich ist, daß offenbar viele – vor allem die älteren – fern jeder Niederungen des Alltags leben: Weder wissen sie, was Butter und Brot kosten, noch wie teuer der Schuster ist oder wie man U-Bahn fährt; sie müssen weder einkaufen noch Kaffee kochen und haben keine Ahnung, daß der Mitarbeiter, dem sie fünfzig Mark geben, damit er mit den fremden Gästen zum Essen geht, mit diesem Geldbetrag bestimmt nicht auskommt. Ein Bischof hatte für mich zum ersten Mal in seinem Leben eigenhändig ein Taxi herbeitelefoniert: der Sekretär war im Urlaub.

Wie fühlt man sich als Frau auf Bischofsvisite? Im Tagebuch sind Rosen vermerkt, die einer der Herren eigenhändig zum Abschied schnitt; ein Mittagessen, dem eine »Dame des Hauses« eine ungewöhnlich gepflegt-familiäre Atmosphäre verlieh; ein Kanon, gesungen mit zwei vorzüglich kochenden Ordensfrauen und einem Bischof – das journalistische »Weltkind« am Eßtisch in der Mitte. Und wenn auch mal ein Bischof untätig blieb, während sich der Gast in den Manteln würgte und ihn den Weg zur Tür durchs weite Treppenhaus allein finden ließ, so war sicher nur die Ungewohnheit im Umgang mit Frauen die Ursache. Es dürfte mit der Prägung durch eine familienlose Kirchen-Männer-Gesellschaft zusammenhängen. Manches würde sich schon ändern, wenn nicht Kapläne, sondern verheiratete Männer und Frauen Bischofssekretäre/-innen würden und jene an ihrem Familienleben teilhaben ließen.

»Der bischöfliche Dienst entprivatisiert seine Träger«, schrieb der Kölner Kardinal Joachim Meisner in seinem Weihnachtsgruß 1984 an Verwandte und Freunde. Fast alle stöhnen über Zeitmangel, Bürokratie, Papierberge, die Last der Verwaltung riesiger Geldsummen. Wie viel einfacher haben es ihre Amtskollegen in den armen, kirchensteuerlosen Ländern. Muß es überhaupt diese Ordinariats-Apparate geben, in denen es oft genauso bürokratisch zugeht wie in einem »weltlichen« Ministerium? Doch wenn ein Bischof beginnt, den Verwaltungswasserkopf schrumpfen zu lassen – wie schon versucht – kann er auf ungeahnten Widerstand aus der Reihe der angestellten Mitglieder seiner Herde stoßen ...

Sie haben es nicht immer leicht, unsere Hirten. Wollten sie alle Forderungen erfüllen, käme es der Quadratur des Kreises gleich: Die einen wollen ihren Oberhirten frommer, die anderen verlangen mehr weltliche Aufgeschlossenheit; den einen soll er Bastion der Tradition sein, den anderen kommt er nur recht, wenn er an der Spitze des Fortschritts marschiert; jene sähen ihn am liebsten mit einem Transparent vorn in Friedens- und Antikernkraft-Demonstrationen, diese verlangen vehement, er solle sich aus allem Politischen heraushalten.

Viel Kritik und Enttäuschung an unseren Oberhirten mag daher kommen, daß wir von ihnen ein Mehr an Opferbereitschaft, überdurchschnittliche Fähigkeiten, gewissermaßen ein heiligmäßiges Leben erwarten und dabei außer acht lassen, daß sich jeder nach den ihm gegebenen Fähigkeiten müht, Führungsamt, Lehramt und seine Aufgabe als Spender der Sakramente gewissenhaft auszuüben.

Welche Eigenschaften hätte mein Ideal-Bischof? Humor, Warmherzigkeit, Barmherzigkeit, Offenheit, Verständnis für Andersdenkende und -lebende, Toleranz, Mut zum Wagnis, missionarische Initiative – und ein grenzenloses Vertrauen darauf, daß dem Heiligen Geist getrost ein Teil der Arbeit überlassen werden darf. Genau betrachtet, sind das freilich Eigenschaften, die ich mir

von jedem frommen Christen wünschen würde (mich eingeschlossen).
Wer wäre, an solchen Maßstäben gemessen, nicht ein Versager? Um nicht mutlos zu werden, empfiehlt es sich, ab und zu die große, weltweite, bunte Kirche als lebendiges, sich stets erneuerndes vitales Lebewesen in den Blick zu nehmen, in der vieles Platz hat, die manches überdauerte und überdauern wird. Eine solche Sichtweise empfiehlt der Erzbischof in Bruce Marshalls »Der rote Hut«[4] den neugeweihten Priestern. Wie schwach sie auch persönlich wäre, sagt er, könnten sie doch beim Spenden von Taufe, Lossprechung und Eucharistie nie versagen. Im übrigen käme es mehr auf ihr Tun als auf ihr Gerede an: »Eine Kirche, die die Krönung Napoleons durch Papst Pius VII. überlebt habe, werde ein paar Schnitzer in einer Predigt über die Dreieinigkeit auch noch überstehen ... Ihrem Zölibat zuliebe dürften sie die Liebe zu ihren Mitmenschen nicht erkalten lassen. Sollten sie gehaßt werden, müßten sie dafür sorgen, daß nicht auch Gott gehaßt werde ... Außer geistlichen Büchern müßten sie auch weltliche lesen, um vertraut zu werden mit dem, was die Feinde der Kirche sagten und dachten. Sie sollten sich nicht entmutigen lassen, fügte der Erzbischof hinzu, durch die Unvollkommenheiten, denen sie gewißlich bei ihren geistlichen Mitbrüdern und Vorgesetzten begegnen würden. Man dürfe eben nicht vergessen, daß nur in der triumphierenden Kirche alle Bischöfe heilig und klug und alle Priester demütig und weise seien. In der Zwischenzeit müßten sie sich nun einmal damit abfinden, winzige Räderchen in der jahrhundertealten, umständlichen Maschinerie der Gnade zu sein, unbekannte Glieder der kämpfenden Kirche, vom Heiligen Laurentius auf dem Rost bis zu der Frau O'Flaherty, die ihren nach innen gewachsenen Zehennagel als eine von Gott ihr auferlegte Buße hinnehme ...«

[4] Bruce Marshall, Der rote Hut, Freiburg 1968.

Bischof:
Dr. Klaus Hemmerle

geboren: 03.04.1929
Priesterweihe: 25.05.1952
Bischofsweihe: 08.11.1975
Vorsitzender der Kommission für geistliche Berufe und kirchliche Dienste

Der Stoff, aus dem der Glaube lebt

»Miteinander aufbrechen, Raum haben für den Fremden, Mut zu langem Atem«

Freunde, Kritiker wie »Amtskollegen« sind sich in einem einig: daß Klaus Hemmerle mit Gaben ausgestattet ist, die ihn nahezu zwangsläufig an die Spitze einer bischöflichen Beliebtheitsskala setzen: Heiterkeit, Schlagfertigkeit, Witz, Aufgeschlossenheit, Redegewandtheit. Und zu einer spielerischen Veranlagung, die dem »Einzelkind« Hemmerle wohl auch den Umgang mit Kindern so leicht macht, kommt eine glück-

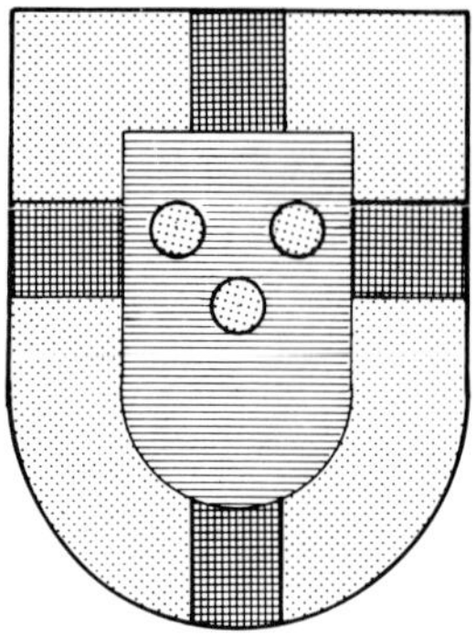

Omnes unum
ut mundus credat
Laß alle eins sein,
damit die Welt glaube

Hauptschild geviertelt durch schwarzes Kreuz auf goldenem Grund (Bistumswappen). Herzschild: drei goldene Kugeln auf blauem Grund: Hinweis auf den Namenspatron des Bischofs, St. Nikolaus, der drei Menschen in Not goldene Kugeln schenkte und sie so vor der Sünde bewahrte. Zugleich deuten die drei Kreise auf die Dreifaltigkeit hin.

liche Grunddisposition, nach der es ihm schlicht und einfach »nicht schwer fällt, Leute zu mögen«.
Doch ein Bischof ist schließlich kein Show-Star. Es waren zweifellos andere Fähigkeiten, die dazu führten, daß der ehemalige Freiburger Akademie-Direktor und spätere Professor für Fundamentaltheologie und Christliche Religionsphilosophie 1975, im »jugendlichen Alter« von 46 Jahren, zum Bischof von Aachen ernannt wurde. In der Wochenzeitung »Die Zeit« wurde er 1979 so charakterisiert: »In seiner Person verbindet sich auf seltene Weise hohe Intellektualität mit Frömmigkeit . . ., die sich weder ängstlich noch kleinkariert gibt, weder resigniert noch dogmatisch . . .«

Auf Jugendliche wirkt er glaubwürdig, wenn er etwa mit Mutter Teresa auf dem Berliner Katholikentag in plastischer, bildhafter Sprache Zeugnis über seine Art zu glauben gibt. Er sagt »ich«, wo sich andere hinter einem distanzierenden »man« verstecken, auch wenn die vertretene Position kaum auf Gegenliebe stoßen wird. Und das kann sehr wohl der Fall sein, wenn Hemmerle »klare Linie« bezieht, wobei er sich selbst als einen »eher Konservativen« einschätzt. Deshalb ist auch »der Priesterrat nicht immer glücklich mit mir«. Man wirft ihm vor, daß »meine Gesprächsbereitschaft nett ist, aber es ändert sich nichts«.

Als Beispiel nennt Hemmerle die Geschiedenen-Pastoral: Er stehe hier auf dem Standpunkt, man könne wiederverheiratete Geschiedene nicht zu den Sakramenten zulassen. Diese eindeutige Haltung heißt für ihn freilich nicht, daß solche Fragen nicht erörtert werden dürfen. Und man müsse sich in lebendigen Gruppen und Kreisen viel mehr solcher Menschen annehmen.

Seit eh und je will Hemmerle die »Erneuerung der Kirche von unten«. Ein Stück »Substruktur« müsse wachsen, ein »lebendiges Netz aus Zellen« müsse entstehen; die Zellen beziehungsweise Menschen müßten miteinander rückgekoppelt sein, damit ein Stoff entsteht, »aus dem man das Tuch einer großen Sache nähen kann«. Die große Sache, das ist der Glauben, der in den Gemeinden lebendig werden muß. Da gebe es noch viel Versorgungsdenken, zu viel »Glauben an funktionale Daten und nicht an den Heiligen Geist«. Auch die Not (Priestermangel) sei eine Chance, und man solle nicht immer nur »perfekt den vorhandenen Apparat beheizen«. Man müsse lernen, sich umeinander zu kümmern, und dabei die »Abständigen« im Blick behalten. »Man muß aufbrechen zu den anderen, Zeuge dafür sein, daß Jesus lebt.«

Typisch für ihn ist das, was er sein »Programm Emmaus«

Weihbischof Dr. Gerhard Dicke

geboren:	28. 03. 1928
Priesterweihe:	25. 07. 1952
Bischofsweihe:	11. 04. 1970

Weihbischof Karl Reger

geboren:	07. 09. 1930
Priesterweihe:	25. 07. 1960
Bischofsweihe:	07. 02. 1987

nennt: »Miteinander aufbrechen, das Herz brennbar machen, auf die Logik des Kreuzes eingehen, Raum haben für den Fremden, Mut zu langem Atem, Einüben von Schritten, Gemeinschaft mit dem Herrn«. Das ist eine Sprache, die auch von einer bestimmten Spiritualität geprägt ist: Hemmerle ist seit Jahren Mitglied der charismatisch ausgerichteten »Fokolare-Bewegung«. Von daher, so Hemmerle, habe er die Möglichkeit einer strengen, inneren (spirituellen) Struktur des Alltags; dazu gehöre auch das »Leben mit dem Gekreuzigten und Verlassenen«, und schließlich erfahre er das »weltweite Kontaktnetz mit Bischöfen« als besonders beglückend. Mag sein, daß auch von hierher sein Optimismus lebt, der ihn trotz aller realistischen Einschätzung der missionarischen Situation hierzulande überzeugt sein läßt, daß »die Bereitschaft zum persönlichen Zeugnis wächst«, daß es viele Berufungen (Priester, Orden) gibt, die man jedoch »wecken und entdecken muß«.

Hemmerles Priester-Entscheidung wurde mitbestimmt durch

Im Aachener Dom werden die Gebeine Kaiser Karls des Großen aufbewahrt. Als 1983 mit der Renovierung des Karlsschreins begonnen wurde, wurde die Lade mit den Gebeinen des Frankenkaisers geöffnet. Das Foto zeigt Bischof Hemmerle bei der Überprüfung der Siegel an der Lade mit den Gebeinen.

»die andere Dimension«, die ihm beim Lesen Reinhold Schneiders aufging, und die vielen Menschen beim Zusammenbruch des Unrechtssystems nach dem Krieg deutlich wurde. Doch sei ihm damals bewußt gewesen, daß die Menschen dies nach dreißig Jahren vergessen haben würden - da wollte er als Priester dann wieder an diese Dimension erinnern.
Hemmerle bleibt heute kaum Zeit für rein akademische Arbeit; statt dessen schreibt er Briefe an seine Diözesanen - zu Dutzenden und Hunderten. Auch die Hobbies kommen zu kurz: Wandern, Musizieren und Malen. Denn der Sohn eines Freiburger Kunstmalers ist nicht nur ein frommer Intellektueller, sondern auch ein musischer Ästhet. »Die Zeit« schrieb über ihn, er erwecke als Verkünder den Eindruck: »Catholic is beautiful« (»katholisch sein ist herrlich«).

Das Aachener Münster, 805 vom Papst geweiht, ist der älteste Steinbau des deutschen Mittelalters.
Karl der Große ließ diesen ersten Kuppelbau diesseits der Alpen erbauen. Aachen wurde der wichtigste Wallfahrtsort des karolingischen Reiches. Noch heute findet hier alle sieben Jahre die große Heiligtumswallfahrt statt.

Ein Erbe Karls des Großen und Napoleons

In der alten Kulturlandschaft des keltisch-römischen Aachen baute Karl der Große unter anderem das Marienmünster. Dessen Reliquienschatz zog Pilger aus Ost und West an; die Heiligtumswallfahrt - seit dem 14. Jahrhundert alle sieben Jahre - ist bis heute Tradition und 1986 Mittelpunkt eines Katholikentags. Eigentlicher Gründer des Bistums aber (das bis 1801 zu Lüttich gehörte), war 1804 Napoleon (nach dem Konkordat mit Papst Pius VII.). Er schätzte die abendländische Tradition Aachens ebenso wie dessen Nähe zum französischen Sprachraum. Nach dem Sturz Napoleons verlor Aachen den Bischofssitz; das Gebiet fiel politisch an Preußen und kirchlich an das wiedererrichtete Erzbistum Köln. Doch

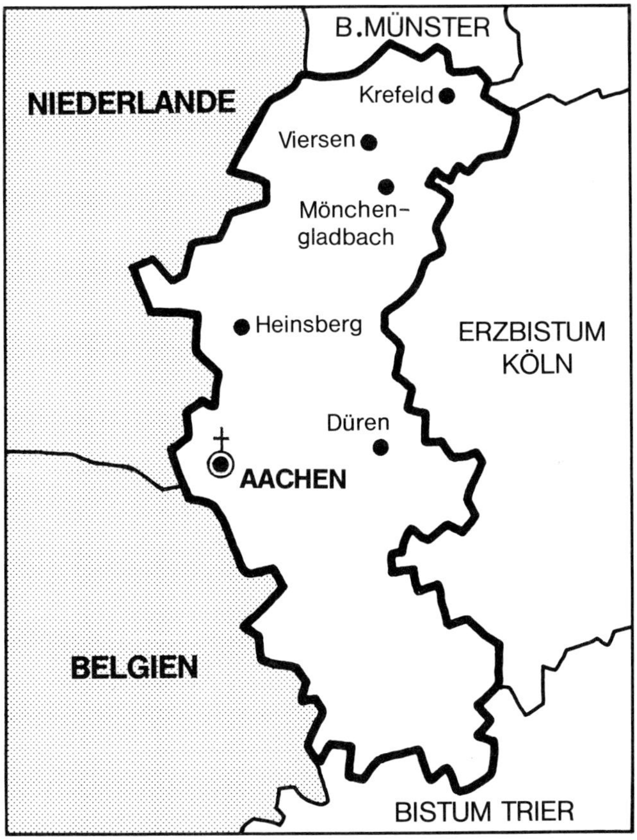

Das Bistum Aachen in Zahlen

Größe (qkm)	3937
Einwohnerzahl:	1850000
davon Katholiken:	1296000
Aktive Weltpriester:	556
Ruhestandsgeistliche:	181
Ständige Diakone:	41
Ordensfrauen:	1954
Ordensmänner:	102

Bistumspatronin ist die Mutter Gottes (Mariae Himmelfahrt)

das »schwarze Aachen« (romtreue Priester, zahlreiche katholische Vereine, eine katholische Tageszeitung) entwickelte sich weiter zu einem Zentrum des deutschen Katholizismus.
Aus der katholischen Töchterschule St. Leonhard gingen gleich drei Ordensgründerinnen hervor: Clara Fey, Franziska Schervier und Pauline von Mallinckrodt. 1837 wurde in Aachen der Grundstein für das Päpstliche Missionswerk »missio« gelegt, 1845 für das »Päpstliche Missionswerk der Kinder«. Mehr als 100 Jahre später kam die Misereor-Zentrale hinzu: Aachen als Drehscheibe der deutschen Kirche zur »Dritten Welt«.
Wichtig ist die Rolle Aachens im deutschen Sozialkatholizismus; der Arbeiterverein, die hier herausgegebenen »Christlich-Sozialen Blätter«, der Mönchengladbacher »Volksverein für das katholische Deutschland« trugen dazu bei, die katholische Soziallehre in den politischen Alltag einzubringen. Dafür stehen Namen wie: Ludwig Windhorst, August Piper, Carl Sonnenschein, Anton Heinen.
Wegen der wachsenden Bevölkerung wurde ab 1856 die Teilung der Erzdiözese Köln und die Wiedererrichtung des Bistums Aachen öffentlich gefordert. Doch erst 1930 konnte die Diözese aus Teilen des Kölner Erzbistums und einigen Dekanaten des Bistums Münster wieder errichtet werden.
Nach dem letzten Weltkrieg gingen von der Bischofsstadt im Dreiländereck Niederlande, Belgien und Deutschland starke Impulse zur völkerverbindenden Brüderlichkeit aus. So trugen heimgekehrte Soldaten und Priester das Aachener Friedenskreuz bei der Männerwallfahrt im Heiligen Jahr 1950 durch acht deutsche Diözesen und dann nach Rom.

Bischof:
Dr. Josef Stimpfle

geboren:	25.03.1916
Priesterweihe:	28.07.1946
Bischofsweihe:	26.10.1963

Wanderkatechese auf Sankt Ulrichs Spuren

Das Wandern/Reisen ist Bischof Josef Stimpfles Lust: ob in den Ferien auf die Berge oder in Länder der Dritten Welt. »Plebi Dei Peregrinanti« - »dem pilgernden Gottesvolk« heißt sein Wappenspruch.

Kein Wunder, daß der 1916 geborene Augsburger Oberhirte seine häufigen Gemeindebesuche »Wanderkatechese« nennt, bei denen er - auch in Betrieben, vor Polizei oder Militär - »persönliches Zeugnis« geben will: »Glauben ist Leben, und

»Der Bischof muß alles sehen, vieles übersehen, aber dort, wo es nötig ist, auch zurechtweisen.«

Plebi Dei peregrinanti
Dem pilgernden Gottesvolk dienen

Das bischöfliche Hoheitszeichen besteht aus einem geviertelten Wappenschild mit einem Herzschild. Der erste und vierte Platz ist in rot und silber gespalten (Bistum Augsburg). Der zweite und dritte zeigt in schwarz auf blauem Dreiberg eine goldene Quadermauer mit vier Zinnen, daraus hervorbrechend zwei schräg gestellte goldene Pilgerstäbe, die an die Pilgerschaft des Gottesvolkes erinnern. Das Ziel der Wanderschaft ist das himmlische Jerusalem. Das goldene Kreuz entspricht dem Ulrichskreuz. Im Herzschild schräggekreuzte rote Bärentatzen mit goldenen Krallen auf Silber (Ortsadel der Gemeinde Maihingen, Heimat des Bischofs).

Weihbischof Rudolf Schmid

geboren:	26.06.1914
Priesterweihe:	26.06.1938
Bischofsweihe:	25.03.1972

Leben kann man nur weitergeben durch Zeugnis.« Dieses aber muß gelebt sein, sonst sei es nur Weitergabe von Ideologie.

Durch sein Zeugnis - der Begriff fällt oft - will er auch Laien ermutigen, denn eine der Schattenseiten der Seelsorge vor dem Konzil war, daß »die getauften Glieder der Gemeinde ihr Taufpriestertum nicht ausgeübt haben«. So gesehen hält er - nach anfänglicher Skepsis ob der großen Zahl - die 2000 Kommunionhelfer für ein positives Zeichen; sogar in den ländlichen Gebieten der Diözese gehören sie heute selbstverständlich dazu.

Auch die Priester aber müßten umlernen: »... umdenken, zusammenarbeiten mit einem Team von Laien und dieses inspirieren«. Manches, was der stets freundlich lächelnde Bischof mundartlich gefärbt vorträgt, verrät »charismatisches Vokabular«, wohl durch seine Verbindung zur Fokolare-Bewegung beeinflußt, in der er eine Chance für neues Leben in der Kirche sieht. Der Bischof, sagt er ohne Scheu, müsse »selber glühen«; nicht nur ermutigen, sondern auch »erwecken«. Manchem klingt solches nebulös, doch stecken dahinter wohldurchdachte Konzepte, die er den Gemeinden vorlegt.

Als erstes wünscht er, jeder Christ möge wenigstens eine Stunde pro Woche in seiner Gemeinde mitarbeiten; jeder Pfarrer solle - nach einem ausgeklügelten Schema - einen pastoralen Besuchsdienst aufbauen, der jede Familie erreicht; schließlich könnte jeder sich vornehmen, »wenigstens eine Person im Jahr für die Arbeit in der Pfarrgemeinde zu gewinnen«. Die Geistlichen ermuntert er, nicht alles allein zu machen und empfiehlt, sich Zeit zu lassen: Etwa sechs Jahre beispielsweise für das Besuchsprogramm.

Stimpfle ist trotz der von ihm konstatierten »Einflüsse der permissiven, säkularisierten Gesellschaft« optimistisch. »Die Kirche hat immense Chancen heute«, sagt er, und: »die Kirchlichkeit ist noch vorhanden«; das Vorhandene müsse aber »ins Bewußtsein gehoben werden«. Dabei könnten die Gemeinden nicht im traditionellen Stil weitermachen.

Manche behaupten, der Augsburger Bischof wirke zwar sanft, doch sei er, wenn einmal von einer Sache überzeugt, beharrlich, konservativ, im Sinne von »festhaltend«. So werden dann seine Äußerungen zu Zölibat, Ökumene oder wiederverheirateten Geschiedenen gedeutet, in denen er verdeutlicht, daß er von Experimenten oder pastoralen Notlösungen nichts hält. In einer Zeit, in der Subjektivismus groß geschrieben werde, wollten die Menschen »die Wahrheit wissen«, und die Kirche müsse gerade heute »mit einer Zunge reden«. Das bedeutet freilich für ihn aber auch, daß es bei der Anwendung

auf konkrete Fragen - etwa Abrüstung, Zivil- und Wehrdienst - eine Vielfalt von Antworten geben könne, die auch das Konzil ausdrücklich legitimiert habe.
Stimpfles wichtigste überregionale Aufgabe ist seine Tätigkeit als Präses bei Misereor. Viele überraschte es, als er sich 1983 bei der Misereor-Informations-Aktion über Südafrika mutig hinter das Hilfswerk stellte. Denn es kam auch zu Konflikten mit Bayerns ehemaligen Ministerpräsidenten Strauß, mit dem Stimpfle nicht zuletzt durch seine Europa-Aktivitäten freundlich verbunden war; 1976 zuerst und dann 1983 hatte er einen »Europatag« in Ottobeuren veranstaltet, zu denen Staatsmänner aus allen Teilen der Europäischen Gemeinschaft kamen.
Der Bauernsohn aus Maihingen (Ries) wuchs mit acht Geschwistern in einem tiefgläubigen Elternhaus auf. Wann entschied er sich für das Priestertum? »Es war am 24. März 1939, morgens um 10 Uhr«, lautet die präzise Antwort. Nach drei Jahren Studium an der Päpstlichen Universität Gregoriana war er entschlossen »heimzugehen«, vielleicht Naturwissenschaften zu studieren und überdachte dies bei einem Gartenspaziergang. ». . . da hatte ich plötzlich eine innere Schau, eine Erkenntnis Jesu Christi . . .« Diese Glaubenserfahrung hat ihn bis heute nicht verlassen.

Weihbischof Max Ziegelbauer

geboren:	06.09.1923
Priesterweihe:	21.05.1950
Bischofsweihe:	22.10.1983

Als zuständiger Bischof für das Hilfswerk Misereor besucht Josef Stimpfle regelmäßig Länder der Dritten Welt. Hier ist er im Gespräch mit dem Steyler Missionar P. Proksch, der durch die von ihm geleitete Tanzgruppe bekannt wurde. Sie versucht, mit indischer Musik und Tanz die christliche Botschaft zu vermitteln.

Der Militärdienst - ein halbes Jahr vor der Priesterweihe - war wie ein »notwendiges Übel«, und aus englischer Gefangenschaft flüchtete er. Nach der Priesterweihe 1946 war er zwei Jahre Kaplan in Augsburg, dann Subregens am Priesterseminar in Dillingen und wurde 1963 zum Bischof geweiht.
Das wichtigste Werk des Augsburger Bischofs, der neben Kardinal Franz Hengsbach, dem Bischof von Essen, der einzige im deutschen Episkopat ist, der das Konzil als Bischof miterlebt hat, wird die Bistumssynode sein. Die soll die Weichen stellen für die Seelsorge im Jahre 2000 und zugleich das Zweite Vatikanische Konzil tiefer verankern.
Vielleicht charakterisiert ihn, was er einmal zum Umgang mit »eigenwilligen« Priestern sagte: »Hier muß der Bischof alles sehen und vieles übersehen, aber dort, wo es nötig ist, auch einen Mitbruder zurechtweisen oder verlangen, dies und das zu ändern.« Strafsanktionen bleiben »letztes Mittel« - denn »auch in der Kirche muß man Freiheit respektieren«.

Ein einheitliches Kunstwerk ist der Augsburger Dom keineswegs. 807 wurde eine dreischiffige Basilika mit Westchor eingeweiht, das Langhaus wurde im 14. Jahrhundert gotisch »modernisiert«. 1431 wurde der Ostchor angebaut (rechts), der den bisherigen Kirchenraum um zehn Meter überragt. Unter den Schätzen des Domes ragen die fünf wohl ältesten Glasfenster der Welt hervor.

Bischofssitz schon zu Zeiten der alten Römer

Die Fuggerstadt Augsburg feierte 1985 ihr 2000jähriges Bestehen; Bischofssitz wurde sie schon in der Römerzeit, im 4. Jahrhundert. Der erste kanonisierte Heilige und einer der beliebtesten deutschen Diözesan-Patrone ist Bischof Ulrich (890 in oder bei Augsburg geboren), eine starke Säule des Reiches und Friedensstifter. (Er wird üblicherweise in der Ulrichswoche im Juli gefeiert.) Er gilt als eigentlicher Sieger der Lechfeld-Schlacht (955). Ebenso beliebt sind zwei andere Patrone: Die heilige Afra, die 304 bei Augsburg den Märtyrertod gestorben sein soll, und Bischof Simpert, ein Verwandter

Das Bistum Augsburg in Zahlen

Größe (qkm):	13250
Einwohnerzahl:	1833239
davon Katholiken:	1468001
Aktive Geistliche:	645
Ordenspriester:	421
Ruhestandsgeistliche:	173
ständige Diakone:	56
Ordensfrauen:	3460
Ordensbrüder:	140
Diözesanpatrone:	
St. Ulrich, Afra und St. Simpert	

Karls des Großen, der um 800 die Diözese regierte. Andere glanzvolle Namen der Kirchengeschichte sind mit Augsburg verbunden: Albertus Magnus aus Lauingen, Petrus Canisius, Domprediger in der Reformationszeit, Johann Michael Sailer aus Aresing; aber auch Pfarrer Kneipp, der in Bad Wörishofen segensreich arbeitende Priesterarzt. Reformation und Gegenreformation hatten in Augsburg wichtige Zentren. Dazu nur zwei Stichworte: 1530 »Augsburger Konfession«, 1555 »Augsburger Religionsfriede«.

Das Bistum ist überreich gesegnet mit Bräuchen (etwa die Leonhardi-Umritte) und Kunstschätzen wie der Wieskirche oder der Benediktiner-Abtei Ottobeuren. Auch Werke der Caritas haben Tradition, zum Beispiel Regens Johann B. Wagner mit seiner Gründung der Dillinger Franziskanerinnen, oder Pfarrer Dominikus Ringeisen mit der St. Josefskongregation. Beide kümmern sich vorbildlich um Behinderte.

Im Augsburger Bistum sind alemannische, fränkische und altbayerische Sprechweisen zu Hause; man ist bodenständig und hält am Bewährten fest, ist aber vielleicht gerade deshalb offen für Neues. Als ein Beispiel dafür mag die Bistumssynode gelten, durch die nach mehrjähriger Vorbereitung 1990 Bischof, Priester und Laien Wege für die »Weitergabe des Glaubens« aufzeigen wollen.

Erzbischof:
Dr. Elmar Maria Kredel

geboren:	24.02.1922
Priesterweihe:	30.07.1950
Bischofsweihe:	02.07.1977

Hirte zwischen Bamberg und Bundeswehr

Preisfrage: Welcher deutsche Bischof muß die meisten Kilometer zurücklegen, um seine Gemeinden zu besuchen? Es ist jener Oberhirte, der im katholischen Adreßbuch nicht nur im Abschnitt »deutsche Diözesen«, sondern zum zweitenmal unter »Jurisdiktionsbereich des katholischen Militärbischofs für die Bundeswehr« vorkommt. Elmar Maria Kredel, Jahrgang 1922, ist seit 1977 Erzbischof von Bamberg und wurde 1978 von Papst Paul VI. im Einvernehmen mit der Bundesregie-

»Die Militärseelsorge begegnet jungen Leuten, die aus ihrer Umgebung herausgerissen und in besonderer Weise ansprechbar sind.«

Pro Christo legatione fungimur
An Christi Statt handeln wir

Im gevierten Schild Feld 1 und 4 auf Gold ein mit einem silbernen Schrägfaden überdeckter rot bewehrter schwarzer Löwe (Erzbistum-Wappen). Feld 2 und 3 nehmen im oberen Teil auf den Wahlspruch Bezug mit Bischofsstab (legatione fungimur) und eingefügtem Kreuz (pro Christo), zugleich Zeichen für den Namenspatron Bischof Elmar; unten erinnert die Schrägteilung an Nürnberg (Geburtsort des Wappenträgers) und die Lilie an die Verehrung der Gottesmutter als zweite Namenspatronin des Erzbischofs.

rung zum Militärbischof für die deutsche Bundeswehr ernannt. Geradezu klein und überschaubar nimmt sich das Bamberger Erzbistum gegenüber den verstreuten militärischen Seelsorgebereichen vor allem im Ausland aus: Sardinien, Holland, Belgien, die Vereinigten Staaten ... ihrer sind so viele, daß Kredel selbst sie nur auf »ungefähr zwanzig« schätzen kann.

Die Sorgen und Probleme im Bistum unterschieden sich wenig von denen im übrigen Deutschland, meint der notgedrungen vielreisende Bischof, den sich die Bamberger mit den Bundeswehrdiözesanen in aller Welt teilen müssen: der Priestermangel macht sich immer deutlicher bemerkbar und die meisten Pfarrer haben deshalb keinen Kaplan mehr; die Arbeitslosigkeit im Zonengrenzgebiet drückt; die Diasporasituation - auch die kreisfreien Städte sind mehrheitlich evangelisch - fordert ökumenische Akzente. Allerdings deuten die Anworten des Bischofs eher auf eine abwägende Zurückhaltung in dieser Frage hin.

Daß Laien immer mehr Mitverantwortung tragen, nicht nur in den Gemeindegremien, ist für Kredel kein Notbehelf: ihr Engagement sei ein wichtiges Zeugnis. In einer Situation, in der »der Rückgang der Kirchenbesucher, der Schwund des religiösen Wissens bedrückend ist«, müßten vor allem junge Familien angesprochen, Ansätze in Familienkreisen gesucht werden. Hier wie in der Erwachsenenbildung gehe es um die unverkürzte Vermittlung von Glauben und Sitte - freilich nicht nur als »Wissen«.

Der Militärbischof läßt sich im Dienstwagen durchaus schon mal von Uniformierten mit Blaulicht eskortieren - an Manövern nimmt er aber nicht teil. Sein Weg des Kennenlernes der Sorgen und Nöte von Bundeswehrangehörigen ist das Gespräch, das er bei seinen Standortbesuchen im In- und Ausland sucht: mit Kommandeuren, die die verschiedensten Fragen anschneiden ebenso wie mit jungen Soldaten, »die hier Gelegenheit haben, einem Bischof ohne Absperrungen zu begegnen«. Für viele Wehrpflichtige, Zeit- und Berufssoldaten könne dies ein Erlebnis werden, das sie ihr Verhältnis zur Kirche überdenken läßt. Den Vorteil der Militärseelsorge sieht Kredel darin, »daß man jungen Leuten begegnet, die aus ihrer Umgebung herausgerissen und in besonderer Weise ansprechbar sind«.

Auch wenn der Nürnberger Beamtensohn als Abiturient noch Kriegsdienst zwischen 1941 und 1945 leisten mußte, war ihm der Weg zum Militärbischof kaum vorgezeichnet. Nach der Kriegsgefangenschaft nahm er seine philosophischen und theologischen Studien auf und wurde 1950 zum Priester ge-

Weihbischof Werner Radspieler

geboren:	13.08.1938
Priesterweihe:	08.03.1964
Bischofsweihe:	21.12.1986

weiht. Die Entscheidung für diesen Beruf war durch Begegnungen mitbestimmt: den Onkel, der Dekan und Geistlicher Rat in Hollfeld war und bei dem Kredel viele Tage seiner Jugendzeit verbrachte, die Familie und die Jesuiten in Nürnberg.
Nach der Priesterweihe wurde er zum Studium nach Innsbruck geschickt und promovierte dort mit einer Arbeit über den Apostelbegriff. Der kurzen Kaplanszeit in Pegnitz schlossen sich Studien am Päpstlichen Bibelinstitut in Rom an; auch das Leben dort am deutschen Priesterkolleg, der Anima, hat den jungen Theologen geprägt. Zurück in Deutschland war Kredel weiter wissenschaftlich tätig, als Assistent im Exegetischen Seminar an der Münchner Universität. Die endgültige Entscheidung für die Arbeit in der Seelsorge fiel 1962. Doch schon fünf Jahre später folgte die Wahl zum Domkapitular. Er

Altbischof Dr. Dr. Josef Schneider

geboren:	05.02.1906
Priesterweihe:	25.10.1931
Bischofsweihe:	13.07.1955
Resigniert:	30.07.1976

Alt-Weihbischof Dr. h.c. Martin Wiesend

geboren:	28.04.1910
Priesterweihe:	31.01.1937
Bischofsweihe:	27.03.1967
Resigniert:	01.09.1985

Einen Bischof »ohne Absperrungen« wollen vor allem die Soldaten erleben, die, wie hier in Rom, mit Erzbischof Kredel auf Wallfahrt gehen. Mit diesen Wallfahrten, vor allem auch nach Lourdes, soll die Friedensfunktion des Militärs unterstrichen werden.

war Mitglied der Liturgischen Kommission, Prosynodalrichter und stellvertretender Generalvikar. Schwerpunkte seiner Arbeit: Erwachsenenbildung, Jugendseelsorge, Caritas.
Die Jugend, ob im Bistum oder bei der Bundeswehr, liegt ihm nach wie vor am Herzen. Auch bei seinen Firmreisen richtet er es nach Möglichkeit so ein, daß es zu persönlichen Treffen mit jungen Menschen kommt. Falls Kredel jemals Zeit hat, studiert er am liebsten Kirchengeschichte, frühchristliche Zeugnisse - nicht so sehr auf dem Papier, sondern lieber an Ort und Stelle, wofür das Bamberger Erzbistum eine Fundgrube ist.
Kredels Sorgen als Oberhirte sind von besonderer Art: Die Gemeinden sind unterschiedlich strukturiert und liegen weit auseinander. Und in Zeiten heftiger Friedensdiskussion muß er noch dazu oft unbequemen Fragern Antwort stehen, was ihm nicht immer leicht fallen dürfte. Gibt es etwas, das ihn ärgert, das er gerne abschaffen würde? Er winkt ab, lächelt - und schweigt.

Der Dom, auf einem Hügel der Stadt errichtet, ist das Wahrzeichen Bambergs. Die romanische Gesamtanlage mit vier Türmen und zwei Chören wurde zur Grablege Papst Clemens' II. und des Kaiserpaares Heinrich und Kunigunde. Berühmt ist der »Bamberger Reiter«, das Idealbild des deutschen Ritters.

Das Bistum ist des Kaisers Gabe

Kaiser Heinrich II. (heiliggesprochen 1146) und seine Frau Kunigunde (heiliggesprochen 1200), kinderlos geblieben, sahen es als eine Pflicht, »um der künftigen Wiedervergeltung willen« Christus zum Erben zu wählen, und in diesem Zusammenhang ist auch die Bistumsgründung 1007 zu sehen. Das Bistum hatte bei seiner Gründung schon etwa 30 Pfarreien und erlangte besondere Bedeutung bei der Christianisierung der zwischen Main und Rednitz wohnenden Slawen. Bambergs zweiter Bischof Suidger (1040 bis 1047) wurde 1046 Papst Clemens II., starb aber kurz nach seiner Wahl und konnte so die beabsichtigten Reformen nicht durchführen. Bamberg aber besitzt das einzige Papstgrab Deutschlands.
Eine der herausragenden Bischofsgestalten war Otto I. (heiliggesprochen 1189). Bei seinem Einzug ins ihm zu Ehren feierlich geschmückte Bamberg kam er auf bloßen Füßen und trug ein Trauergewand. Er hat 27 Klöster gegründet oder erneuert und wird in Polen immer noch hochgeschätzt als Missionar. Die Bamberger Bischöfe förderten im Mittelalter Künste und Wissenschaften; Nürnberg entwickelte sich zum Zentrum des

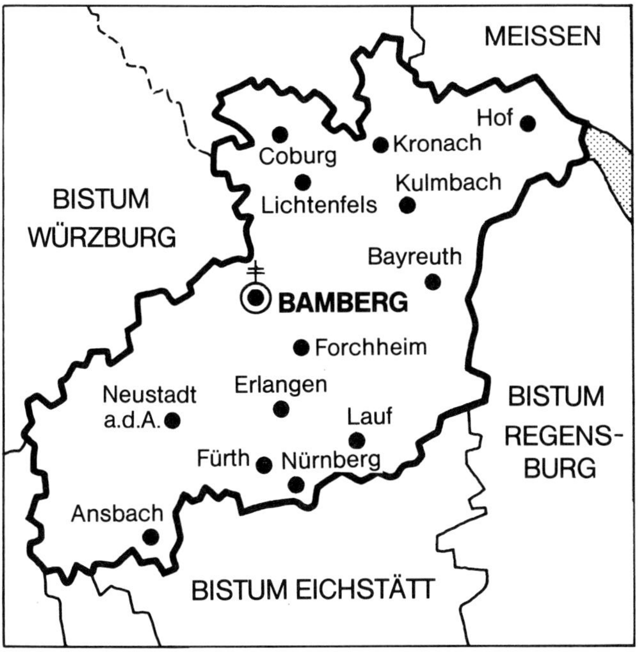

Das Bistum Bamberg in Zahlen

Größe (qkm):	10 288
Einwohnerzahl:	2 100 000
davon Katholiken:	820 000
Aktive Geistliche:	384
Ruhestandsgeistliche:	120
Ständige Diakone:	14
Ordensfrauen:	1 245
Ordensmänner:	148

Bistumspatrone:
Hl. Heinrich, Hl. Kunigunde

Humanismus, Künstler wie Riemenschneider und Albrecht Dürer schmückten Bamberger Gebäude, Baumeister wie die Gebrüder Dientzenhofer und Balthasar Neumann (Gößweinstein, Vierzehnheiligen) waren im Barock tätig. Gleichzeitig wurde die Seelsorge nicht vernachlässigt, wenn sie auch Rückschläge erlitt, zum Beispiel in der Reformationszeit, als von 190 selbständigen Pfarrkirchen 105 mit den Filialkirchen dem Protestantismus zufielen; 1648 standen für 110 Pfarreien noch 64 Priester zur Verfügung. 1802 wurde Bamberg bayrisch und Sitz eines Erzbischofs mit den Suffraganbistümern Eichstätt, Speyer und Würzburg. Die Nachfolger des ersten Erzbischofs Graf von Stubenberg (bis 1824) mußten mühsame Aufbauarbeit leisten.

Heute ist das oberfränkische Bamberg Grenzbistum zur DDR und zur Tschechoslowakei und das größte Diasporabistum Bayerns mit oft gegensätzlichen wirtschaftlichen, sozialen und landschaftlichen Bedingungen. Zur Diözese gehören das Zonenrandgebiet mit hoher Arbeitslosigkeit ebenso wie hochrangige Erholungsgebiete und Naturparks und die Industrieregion um Nürnberg. Wie oft in der Diaspora, sind viele Aktivitäten der Laien gewachsen, um mit den diversen Sorgen und Nöten fertigzuwerden.

Bischof:
Georg Sterzinsky

geboren:	09.02.1936
Priesterweihe:	29.06.1960
Bischofweihe:	09.09.1989

Es liegt ihm fern etwas dahinzuträumen

Fuldas Generalvikar Alois Lang scheint – sofern man das am Telefon ahnen kann – vergnügt zu schmunzeln: »Ich habe gerade heute noch einem Boten eine Kiste Zigarren für ihn mitgegeben: daß er sich morgen ›ein kleines Johannisfeuer‹ machen kann. Wenn das nun zutrifft, was Sie vermuten, und Georg Sterzinsky wird morgen neuer Bischof von Berlin – dann lacht er sich über die kleine Gabe kaputt. Er kann laut lachen.«

»Ein Mann, der den Disput nicht scheut, jemand, der weiß, was er will.«

Noch sind es Gerüchte, als die in West-Berlin erscheinende Kirchenzeitung »Petrusblatt« am Vorabend (23. Juni 1989) der Ernennung des Erfurter Generalvikars Prälat Georg Sterzinsky zum neuen Berliner Oberhirten versucht, Menschen zu finden, die ein Bild von dem am 9. Febr. 1936 in Warlack im heute polnischen Bistum Ermland Geborenen zeichnen können. Und das ist fast wörtlich zu verstehen. Denn selbst Fotos: zunächst Fehlanzeige. Das paßt zu der Beschreibung, daß der Nachfolger von Kardinal Joachim Meisner zurückhaltend wirke. Da mag er sich etwa Anfang August bei seinem ersten Besuch im Westteil seiner zerrissenen und doch eine Einheit bildenden Diözese, im Stadtgebiet von West-Berlin, nicht öffentlich äußern: »Schließlich bin ich ja noch nicht Bischof,« ist als Begründung aus seiner Umgebung zu hören. Doch sonst bescheinigt ihm Fuldas Generalvikar Lang: »Er hat schnell Kontakt.« Und Humor.

Den bewies Georg Sterzinsky zwei Jahre vor seinem Amtsantritt in Berlin nach einer Fahrt mit Fuldas Generalvikar zu einer Konferenz in Köln. »Wie war die Fahrt?« wurde der Verwaltungschef bei Erfurts Bischof Joachim Wanke gefragt. »Wie war der Flug? hätten Sie fragen müssen,« korrigierte Sterzinsky. Generalvikar Lang hatte seinen Fiat chroma nämlich weit über die von seinem Beifahrer gewohnte DDR-Höchstgeschwindigkeit von 100 Kilometern pro Stunde ausgefahren ...

Und dennoch: Den als »sehr herzlich« geschilderten neuen Berliner Oberhirten mögen schwere Jahre in der Kindheit geprägt haben. Als er als Achtjähriger auf der Flucht war, seine Mutter starb; als er, der aus einer kinderreichen Familie stammt, mit seinen Geschwistern in ärmlichen Verhältnissen die Rückkehr des Vaters aus russischer Kriegsgefangenschaft erwartete; als die älteste Schwester den kleinen Trupp zusammenhielt und auch in der Diaspora eine Kirche fand, mit den Geschwistern betete. Zwei Schwestern wählten später wie Georg Sterzinsky selbst den kirchlichen Dienst. Eine war langjährige Seelsorgehelferin im katholischen Eichsfeld, eine andere ist heute noch Leiterin eines Caritas-Erholungsheimes im thüringischen Tambach-Dietharz.

»Entscheidende Jahre«, sagt Fuldas Weihbischof Johannes Kapp, Jahre, die Georg Sterzinsky zu einer »im Glauben gefestigten Persönlichkeit« heranreifen ließen. »Klar und entschieden hat er auch das Amt in Erfurt geführt«, so der Weihbischof weiter. Die Apostolische Administratur in Erfurt und Meiningen, der Sterzinsky seit 1981 vorstand, ist der in der DDR liegende Anteil des Bistums Fulda. So begegnete Fuldas Weihbischof dem jetzigen Bischof von Berlin zwei oder drei-

Weihbischof Wolfgang Weider

geboren:	29.10.1932
Priesterweihe:	21.12.1957
Bischofsweihe:	25.03.1982

mal, als er Bischof Wanke besuchte. Oder bei der Weihe von Hans Reinhard Koch, Erfurts Weihbischof.
»Sterzinsky gehörte zu den ersten, die in Erfurt studierten und nicht in Fulda«, stellt der Weihbischof fest. Er sei als Priester sicher so wie sein Vorgänger im Amt des Berliner Bischofs, Kardinal Meisner, auf den Titel des Bistums Fulda geweiht worden. Da freut sich Weihbischof Kapp: »Schon wieder ein Bischof aus dem Bistum Fulda!« Bereits der erste Berliner Oberhirte, Christian Schreiber, sei aus Fulda gekommen; und auch Kardinal Alfred Bengsch sei aus dem Fuldaer Seminar hervorgegangen, erinnert Weihbischof Kapp, der mit einem Bruder des Kardinals, dem heutigen Greifswalder Pfarrer Monsignore Georg Bengsch in einem Semester gewesen.
Gleiches Semester wie der Kardinal war der heutige Pfarrer in Ruhe, Monsignore Norbert Weber. Er war in der Nachbarschaft, in Schmalkalden, tätig, als Georg Sterzinsky seine erste Kaplansstelle in Eisenach antrat. Von 1964 bis 1966 wirkte Sterzinsky als Vikar an der Propsteikirche St. Marien. Monsignore Weber: »Propst Joseph Sthreb war eine markante Persönlichkeit, die im Eichsfeld damals eine große Rolle spielte. Der gute Pädagoge kannte sich vor allem auch mit den politischen Verhältnissen sehr gut aus.« Mit einem Stab von Mitarbeitern, Kaplänen und Katecheten habe der heutige Bischof von Berlin anschließend 15 Jahre die große Diasporagemein-

Das Bild zeigt den Generalvikar Georg Sterzinsky (3. v. l.) bei einer Wallfahrt in Etzelbach, die ungefähr zwei Monate vor seiner Bischofsweihe stattfand.

de St. Johannes-Baptist in der Universitätsstadt Jena »gut geführt«. Monsignore Weber: »Er stellte schon Anforderungen an seine Mitarbeiter, aber nicht zuletzt auch an sich selbst.« Georg Sterzinsky sehe Konsequenzen, die ein Handeln habe, voraus. Er sei ein geradliniger Charakter, treuer Sohn der Kirche und durchaus aufgeschlossen: »Ein Ermländer mit der katholischen Konsequenz des Ermlandes. Wenn es dazu käme«, meint Monsignore Weber am Vorabend der Ernennung, »dann wäre das sicher ein Gewinn für Berlin.«

Als »sehr gewinnend, mit gutem Kontakt zu den Menschen« schildert Sterzinskys 75 Jahre alter Heimatpfarrer aus Bad Berka den neuen Bischof von Berlin. Monsignore Karl Schneider kann sich noch »gut an die Priesterweihe 1960 auf Peter und Paul und an die Primiz in Bad Berka« erinnern. An die große Beteiligung der Gemeinde und auch daran, daß Georg Sterzinsky schon als Theologiestudent »sehr engagiert in der Gemeinde« zwölf Kilometer südlich von Weimar mitgearbeitet habe. Und nun Bischof von Berlin? »Man kann nur für ihn beten, daß der Heilige Geist ihm beistehen möge«, sagt der Priester, der in Fulda im Ruhestand lebt, gerührt.

Unter Geistlichen in der DDR gilt Georg Sterzinsky als »theologisch sehr belesen«. Ein Prälat voll Bewunderung: »Ich weiß nicht, wo er die Zeit dazu noch hernimmt.« Ein Erfurter Theologe rühmt »Idee und Weitblick« des neuen Bischofs von Berlin. Theologisch vertrete er hauptsächlich die Systematik. Darüber hinaus sei der ökumenisch »sehr engagierte und angesehene« Priester auch in der Pastoral »sehr profiliert«. Sterzinsky wird geschildert als »ein Mann, der den Disput nicht scheut, jemand, der weiß, was er will«. Die Erfurter haben ihn nur ungern ziehenlassen, sagt der Geistliche und fügt hinzu: »Die Abberufung Kardinal Meisners nach Köln hat doch eine solche Lücke in der DDR hinterlassen!«

Fuldas Generalvikar Lang hat bei der Besetzung des Bischofsamtes für das Bistum Berlin »von Anfang an auf Georg Sterzinsky getippt«. Er wäre froh, sagt er noch am Vorabend der Ernennung, »wenn es jetzt bestätigt würde. Er ist der ideale Bischof.« Ein Mensch, der wahrhaftig sei. »Was mir imponiert, ist das Typische für ihn: daß er Teilnehmer in Sitzungen immer wieder auf die Füße zurückholt.« Es liege ihm fern, etwas dahinzuträumen. Georg Sterzinsky habe einen Blick für Realitäten, die er abschätzen könne. Wenn er rede, sei es still, denn alle wüßten, das sei wichtig; und was er spreche, sei gut. Er könne hinhören und heraushören – das sei seine Stärke, sagt der Generalvikar von Fulda: »Das wird er in Berlin brauchen. Ich kann den Berlinern nur gratulieren!«

Die schwierigste Diözese der Welt

Berlin ist ein junges Diaspora-Bistum. Erst seit 1929 ist St. Hedwig (in Ost-Berlin) Kathedralkirche. Mit Gründung des Bistums 1930 wurde Berlin nebst Hinterland Diözese. »In meiner Diözese brauchen Sie nur um die nächste Hausecke biegen, da ist wieder alles ganz anders«, pflegte Konrad Kardinal von Preysing, Bischof in Berlin von 1935 bis 1950, über seine uneinheitliche Diözese zu sagen. Und die Katholiken waren in dem durch Armut und Staatsgewalt zusammengewachsenen Völkergemisch Preußens ein beargwöhntes Element.

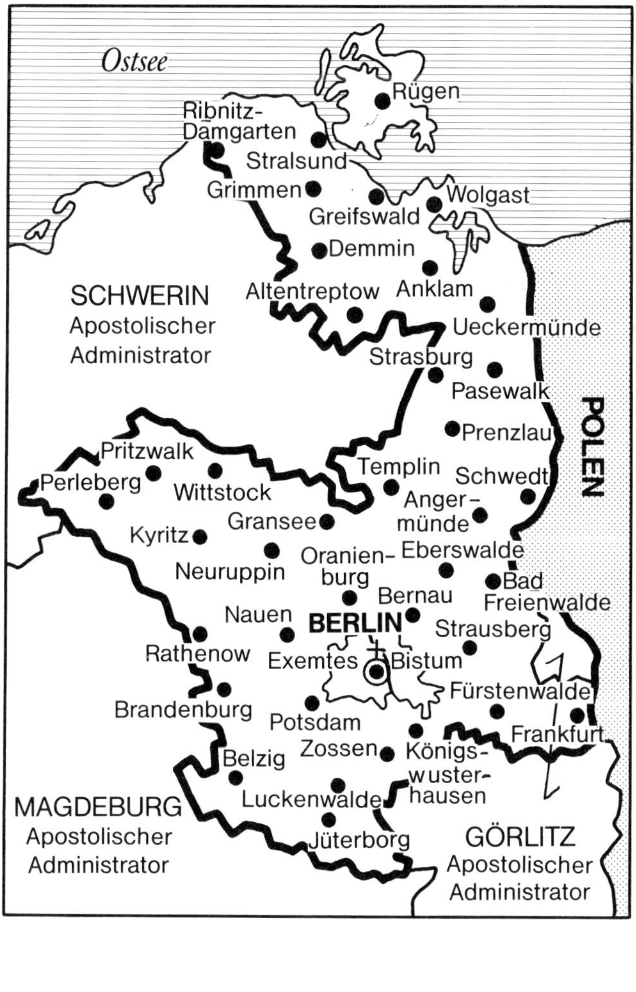

Das Bistum Berlin in Zahlen

Größe (qkm):	30 000
Einwohnerzahl:	4 680 000
davon Katholiken	420 000
Aktive Geistliche (Diözesanpriester:	104 (W) 152 (O) = 256
Ordenspriester:	105 (W) 31 (O) = 136
(davon im Dienst der Diözese:	50 (W) 31 (O) = 81)
Ruhestandsgeistliche:	67 (W) 22 (O) = 89
ständige Diakone:	7 (W) 10 (O) = 17
Ordensfrauen:	656 (W) 412 (O) = 1148
Ordensbrüder:	16 (W) 6 (O) = 22
Diözesanpatrone:	St. Petrus, St. Otto
Patronin der Kathedrale:	St. Hedwig

Die im Vergleich zu Katholiken aus alten, gewachsenen Diözesen von manchen als »Traditionslose« bezeichneten drückten in den Symbolen des Bistumswappens ihre Sehnsucht nach geschichtlicher Identität aus, zum Beispiel durch die Petersschlüssel aus dem Bistum Brandenburg und das Tatzenkreuz aus dem Bistum Havelberg; beide Bistümer schienen im 10. Jahrhundert zu versinken, lebten aber im 12. Jahrhundert wieder auf und gingen in der Reformationszeit unter, ebenso wie das Bistum Kammin, das im 12. Jahrhundert durch den heiligen Otto von Bamberg evangelisiert worden war. An Kammin erinnert das Krückenkreuz im Bistumswappen. Der Name Kammin taucht nach dem zweiten Weltkrieg durch das neue polnische Bistum Sczecin/Kamien wieder auf. Was mit zwei Fischerhaken unter sechsstrahligem Stern, dem Zeichen des heiligen Adalbert, als Bistum Lebus begann (1124 unter dem polnischen Herzog Boleslaw), ist seit 1598 so gründlich zerstört, das selbst Archäologen Mühe haben, Spuren der katholischen Vergangenheit rings um die Oder nachzuweisen.
Die Tradition der Katholiken heute beginnt mit der Potsdamer Soldatengemeinde; der Soldatenkönig Friedrich Wilhelm I. (1713 bis 1745) hatte Militärseelsorger geholt; als nächstes entstand in Spandau die Gemeinde der Rüstungsarbeiter. Wenn man die Tradition der Berliner Katholiken anspricht, kann man gerade um die Zeit der Bistumsgründung herum an Carl Sonnenschein nicht vorübergehen; an jenem Priester aus dem Rheinland, der sich zum Anwalt der Zukurzgekommenen im Berlin der zwanziger Jahre machte: der »Großstadtapostel«.
Für die landsmannschaftlich zusammengewürfelte, kleine Ortskirche wurde das Festhalten an Bewährtem zur Grundlage ihrer Einheit. Manche Bewährungsprobe überstand man im Dritten Reich, mit mutigen Kanzelreden und dem »Hilfswerk beim Bischöflichen Ordinariat«, durch das jüdische Mitbürger geschützt wurden. Heute sind die vielen Ausländer Berlins – darunter zahlreiche Katholiken – und die katholischen Aussiedler aus Polen eine besondere Herausforderung. Wenig bekannt ist Berlin als »Stadt der hundert Klöster«: das zuletzt gegründete ist der Karmel Regina Martyrum in der Nähe der Hinrichtungsstätte Plötzensee.

Bischof:
Dr. Karl Braun

geboren:	13.12.1930
Priesterweihe:	10.10.1958
Bischofsweihe:	20.04.1984

Im kleinsten Bistum ist der Bischof Kanzler

»Auf Menschen zugehen konnte ich kaum, weil ich sonst mit meiner Arbeit nicht zurande gekommen wäre. Deshalb freue ich mich auf eine überschaubare Stadt, ein überschaubares Bistum«, sagte der Augsburger Domkapitular Karl Braun nach seiner Ernennung zum Bischof von Eichstätt (1984). Wie sehr ihn die Tätigkeit als Großkanzler der jungen Universität verpflichten würde, konnte er damals nicht ahnen, denn für sie »bin ich Bischof und Kultusminister. Das ist eine ungeheure Belastung.«

»Ich bin sehr dafür, daß das frauliche Element in der Kirche mehr zum Tragen kommt, aber nicht in einem betulichen Sinn.«

Videbunt in quem transfixerunt
Sie werden auf den blicken, den sie durchbohrt haben

Im gespalteten Schild auf der rechten Seite (vom Schildträger aus) das Eichstätter Bistumswappen, der silberne Hirtenstab im roten Feld. Die andere Seite ist geteilt. Oben, in Rot und Silber neunfach geschachtelt, ist das 4., 6. und 8. Feld belegt mit je einem schwarzen Kreuzesnagel (Wahlspruch). Im unteren Teil durchzieht ein blaues Flüßchen das silberne Feld. Im zweimaligen Auf und Ab der Windungen läßt sich ein M erkennen, der Anfangsbuchstabe des Mariennamens. Hinter dem Schild steht das Kreuz; ursprünglich den Erzbischöfen als Würdezeichen vorbehalten, wurde es schon im 18. Jahrhundert den Bischöfen von Eichstätt vom Papst verliehen.

Es drückt ihn, daß er die Universität so vorfand, daß er sich habe fragen müssen: »Was ist hier eigentlich das ›Katholische‹? Kann sich die Kirche eine Hochschule leisten, wenn hier nicht ein Proprium sichtbar wird?«

Die Probleme beginnen bei den Berufungen, - wobei nach der (bayerischen) Freisinger Bischofskonferenz Nichtkatholiken die Ausnahme sein sollen. Er ist da eher »für eine gewisse Weite ... Ich sitze nicht hier, und sehe, daß das stur gehandhabt wird.« Keinesfalls dürfe man sich »einigeln« oder in Integralismus verfallen. Bedauerlich findet Braun, daß bei nichtbayerischen Bischöfen das Interesse an der einzigen katholischen Universität Deutschlands »nicht so zu verspüren ist, wie ich es mir wünsche«.

Er meint allerdings, dies könnte sich ändern, wenn man etwa ein Fach wie Sozialethik ausbauen könnte - zur Orientierung vieler Wissenschaften. Es müsse auch entschieden werden, ob in Ingolstadt eine wirtschaftswissenschaftliche Fakultät eingerichtet werden sollte: dafür gäbe es staatliche Zuschüsse des Landes Bayern - gut für die angespannte Finanzlage.

Braun fühlt sich durch alle diese Fragen so beansprucht, daß er 1986 sein Amt als Pax-Christi-Präsident niedergelegt hat - nicht aus politischen Gründen, wie er versichert. Er hege viel Bewunderung für die zeitlichen und finanziellen Opfer der Mitglieder, denen er allerdings klar sagen mußte: »So und so stellen sich die Bischöfe den Weg einer katholischen Friedensbewegung vor.« Das klingt doch ein wenig, als habe er auch hier »das Katholische« vermißt.

Ähnlich fehlt ihm bei anderen durchaus erfreulichen Aktivitäten so etwas wie der »theologische Überbau«; ob man dann nicht gleich einen »humanistischen Verein« aufmachen solle? Das Glaubenswissen sei überall rudimentär - zum Beispiel »bei den Forderungen, die ich in der Ökumene erlebe«. Fragen wie die des Amtes »lassen sich nicht durch Herzlichkeit lösen«.

Hier spricht deutlich der frühere Augsburger Bistumstheologe (ab 1972); denn er war dort zuständig für Glaubens- und Liturgiefragen. Aus Augsburg heißt es dazu, er habe es verstanden, theologische Tatbestände »nüchtern zu sezieren, den eigentlichen Glaubensinhalt gegen jede Modeströmung zu verteidigen«.

Braun hat zwischen 1952 und 1966 an der päpstlichen Universität Gregoriana studiert und in Kirchenrecht promoviert - unterbrochen durch drei Jahre als Kaplan in Grönenbach und Murnau. Er war auch Vizerektor am Deutschen Kolleg, der »Anima« und Konzilssekretär seines Bischofs Stimpfle, des-

sen persönlicher Referent er wurde; mit ihm hat er 18 Jahre zusammengearbeitet.
Was ihn besonders bedrückt als Oberhirte ist »die Aversion gegen das Amt, die Hierarchie. Wir vergeuden in der Kirche so viel Zeit und Kraft mit so viel unnötigen Aggressionen, die man dann aufarbeiten muß.« Und er will doch »ein Mensch sein, der den anderen ein Bruder ist«. Belastend findet er diese Feindbilder, und dann »diese ewigen Strukturfragen«: Könne gerade hier »das frauliche Element in der Kirche nicht eine Hilfe sein? Ich bin sehr dafür, daß das frauliche Element in der Kirche mehr zum Tragen kommt, aber nicht in einem betulichen Sinn.«
Man sagt, in einer Dorfkirche predige er volkstümlich; im Dom - so die Forderung an sich selbst, müsse seine Predigt schon sehr stark theologisch sein. Ein gewisser Hang zur Perfektion ist auch in den Hirtenbriefen nicht übersehbar.

Eine numismatische Besonderheit nimmt Bischof Karl Braun in Empfang: Das erste Exemplar einer »offiziellen Bischofsmedaille von Eichstätt«.

Der »waschechte Allgäuer«, 1930 in einer Kemptener Kaufmannsfamilie geboren und mit vier Schwestern aufgewachsen, fühlt seine Entscheidung zum Priesterberuf durch den Ernst der politischen Situation mit beeinflußt. Genau aber wußte er nach der Predigt während einer Mission: »Du mußt Priester werden.«
Braun hat weder Zeit für sein Foto-Hobby noch zum Bergsteigen – weshalb er sich über jeden Felsen freut, den er um Eichstätt herum entdeckt. Ein »Bischof ohne Zeit«? Er leidet darunter: »Ich habe den besten Willen, aber es ist so viel los, daß ich froh bin, wenn ich das Dringendste erledigen kann.« – »Was ist der Bischof heute? . . . Ein armer Mann . . .« Und er zitiert seinen Regensburger Amtsbruder Müller: »Heute Bischof sein ist begeisterter Selbstmord.« Man muß ihn lächeln sehen zwischen solchen Seufzern: Es sieht danach aus, daß er begeistert Hirt und Kanzler im Altmühltal ist.

Der Bau des Eichstätter Domes wurde zur Aufnahme der Gebeine des heiligen Willibald 1259 begonnen. Das Gotteshaus bietet eine Stilpalette, die von der Frühgotik bis zur Spätgotik reicht; und im 18. Jahrhundert wurde dem Westchor eine Barockfassade vorgeblendet. Das Grab Willibalds wurde dem Petrusgrab von Bernini in Rom nachgebildet.

Jeder kennt jeden im Altmühltal

Schon Bonifatius erkannte die günstige Lage an der Altmühl, direkt hinter dem ehemaligen römischen Grenzwall im Stammesdreieck der Bayern, Franken und Schwaben. Er setzte 741 seinen Verwandten Willibald zum Bischof von »Eihstad« ein. Walburga, eine Schwester des ersten Bischofs, war Äbtissin eines Doppelklosters in Heidenheim am Hahnenkamm und ihr Grab im Benediktinerinnenkloster St. Walburg ist ebenso wie das des Hl. Willibald heute noch Ziel vieler Pilger.
Zwar wurde das Diözesangebiet durch die Gründung von Bamberg verkleinert; doch bis das ehemalige Fürstbistum 1803 durch die Säkularisation in den Windschatten der Geschichte geriet, spielten die Bischöfe und das Domkapitel von Eichstätt eine wichtige Rolle im Reich. 14 Bischöfe gingen im hohen Mittelalter aus Eichstätt hervor, die in Merseburg, Osnabrück oder Basel, Ravenna oder Triest saßen. 1055 bestieg ein Eichstätter, Bischof Gebhard I., als Viktor II. den Stuhl Petri in Rom.
Eichstätt ist seit 1980 Universitätsstadt - keine Kleinigkeit bei etwa 14000 Einwohnern. Die Wurzeln der »Katholischen

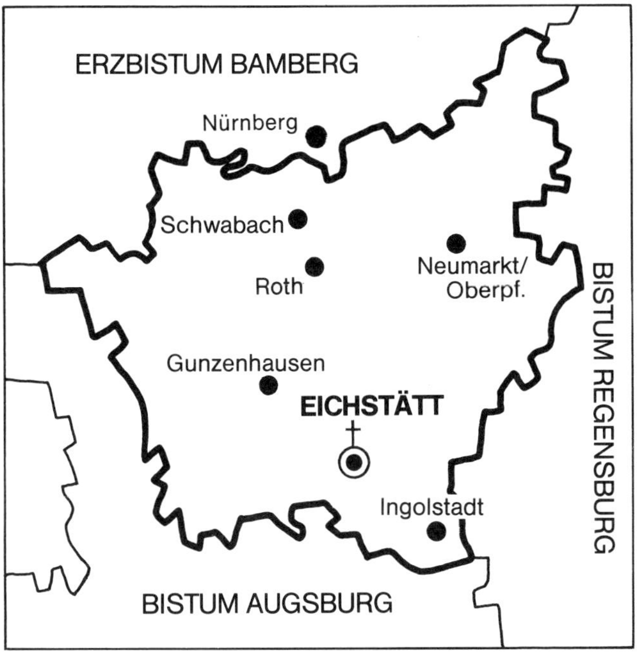

Das Bistum Eichstätt in Zahlen

Größe (qkm):	6025
Einwohnerzahl:	812000
davon Katholiken:	441495
Aktive Geistliche:	271
Ordenspriester:	93
Ruhestandsgeistliche:	81
ständige Diakone:	2
Ordensfrauen:	950
Ordensbrüder:	62

Diözesanpatrone:
St. Willibald und St. Walburga

Universität Eichstätt« sind alt: seit 1472 waren die Eichstätter Bischöfe Kanzler der Universität Ingolstadt. 1564 entstand in Eichstätt die erste Priesterausbildungsstätte nach den Vorschriften des Konzils von Trient. In schweren Zeiten war das »Collegium Willibaldinum« Zuflucht für Theologiestudenten aus dem ganzen Reich; im Kulturkampf studierte hier beispielsweise auch der Mainzer »Sozialbischof« Ketteler. Im Dritten Reich waren Studenten aus 42 Diözesen und 40 Orden an der Philosophisch-Theologischen Hochschule eingeschrieben - die Hitler nicht auflösen konnte, da sie kirchlichen Rechtsstatus hatte. Eichstätt ist das kleinste deutsche Bistum - wo jeder jeden kennt. Aber nicht nur der »Naturpark Altmühltal« gehört dazu, sondern auch der Industrieraum Nürnberg-Schwabach bis zu den Ölraffinerien Ingolstadts. Eine der »Spezialitäten« des Bistums, das in enger Nachbarschaft zu traditionsbewußtem Protestantismus lebt, ist die »geteilte Stadt« Nürnberg: der Norden gehört zum Erzbistum Bamberg, der Süden zu Eichstätt.

Bischof:
Dr. Franz Kardinal Hengsbach

geboren:	10.09.1910
Priesterweihe:	13.03.1937
Bischofsweihe:	29.09.1953

Vorsitzender der Kommission für weltkirchliche Aufgaben

Seelsorger im Kohlenpott – über und unter Tage

»Tatkräftig, entschlußfreudig, praktisch und politisch denkend«: mit diesen Attributen hat der Essener Weihbischof Wolfgang Große den Essener Bischof Franz Kardinal Hengsbach zu dessen siebzigstem Geburtstag (1980) bedacht und dabei die wohl wichtigsten Wesenszüge des »Ruhrbischofs mit der Kohle im Ring« getroffen. (Das Rücktrittsangebot zum 75. Geburtstag 1985 hat der Papst nicht angenommen.)
Man möchte in dem feingliedrigen, promovierten Theologen

»Die Kirche darf kein stummer Hund sein, wenn es um die Rechte der Menschen geht«

Eritis mihi testes
Ihr sollt mir Zeugen sein

Für das Bistum Essen mußte ein neues Wappen geschaffen werden. Die Gottesmutter und die beiden Märtyrer Kosmas und Damian waren Patrone des Stifts und der Stadt Essen. Der Morgenstern (für Maria) und die gekreuzten silbernen Schwerter mit goldenem Griff (Märtyrer) erinnern daran. Sie stehen auf rotem Grund in Feld 1 und 4. Im 2. und 3. Feld ist das Wappenzeichen des Bischofs: in Gold ein springender schwarzer Hengst. Das Pferd führte schon der Prämonstratenserprälat Nikolaus Hengsbach, Abt von Weddinghausen bei Arnsberg (1726-1736). Die Farben schwarz und gold erinnern hier an die Kohle, die das „Gold des Ruhrgebietes" genannt wird.

spontan eher einen Diplomaten vermuten und kann sich gut vorstellen, daß Unternehmer, Aufsichtsräte, Bankdirektoren und Politiker ihn als Gesprächspartner schätzen. Doch der älteste Sohn von acht Kindern einer Sauerländer Familie aus Velmede würde sich gegen eine einseitige Vereinnahmung solcher Art wohl heftig verwahren. Keineswegs will er nur mit den »Oberen« reden; wenn der Betriebsrat fehlt bei einem Gespräch mit der Betriebsleitung, so moniert er dies. Und der »Weltmeister in Werksbesichtigungen« unter und über Tage ist nicht nur populär, auch sein Motiv wird ihm abgenommen: »Ich komme nicht deswegen, was Ihr hier fabriziert; ich will Euch zeigen, daß ich bei Euch bin, daß ich Zeugnis gebe für Jesus Christus.«

Das »Bei-Euch-Sein« begann schon in der Kaplanszeit, als Polen-Seelsorger im Ruhrgebiet. Seine perfekte Kenntnis der polnischen Sprache trug während der Konzilszeit Früchte besonderer Art: Kardinal Hengsbach war maßgeblich am Zustandekommen des Briefwechsels zwischen den deutschen und den polnischen Bischöfen beteiligt.

Schmerzhaft empfindet er, daß »ich nur die Hälfte tun kann von dem, was getan werden müßte«, denn er will »für die Menschen da sein«, was für ihn heißt: er will ein sozialer Bischof sein, wobei die soziale Arbeit aus der Verkündigung wächst. Hengsbach wird der Satz zugeschrieben: »Die Kirche darf kein stummer Hund sein, wenn es um die Rechte des Menschen geht.« Er setzt solche Worte konkret um, wenn er etwa zu Fragen der Arbeitslosigkeit, der Kernenergie, der Stillegung einer Hütte Gespräche führt und Stellung nimmt – nicht, ohne sich vorher sachkundig gemacht zu haben. Er erinnert die Verantwortlichen daran, die Auswirkungen auf die beteiligten Menschen und nicht nur wirtschaftliche Interessen zu beachten. Den einmal gewonnen Standpunkt vertritt er dann ohne »Wenn« und »Aber«, was nicht immer bequem ist für das jeweilige Gegenüber. Auch mancher Journalist hat sich zuerst »die Leviten lesen« lassen müssen über die Medien im allgemeinen und im besonderen, bevor der Bischof mit Bravour die Klippen eines Interviews meisterte.

Politische und soziale Arbeit heißt für Kardinal Hengsbach aber auch: Stiftung des »Heinrich-Brauns-Preises« für Verdienste um die katholische Soziallehre; Initiative zur Gründung der »Stiftung Energie und Umwelt an Rhein und Ruhr«; »Essener Gespräche zum Thema Staat und Kirche«. Fast in Vergessenheit geraten ist, daß sein Vorschlag, in allen Diözesen zu Weihnachten eine Kollekte für die Kirche in Lateinamerika zu halten, die Geburtsstunde des Hilfswerkes »Adveniat« war. Im übrigen paßt es auch ins Bild, daß er bei

Weihbischof Wolfgang Große

geboren:	23.04.1928
Priesterweihe:	06.08.1952
Bischofsweihe:	08.12.1968

der Entführung des Essener Multimillionärs Theo Albrecht (1971) als Vermittler agierte.
Daß ein Mann vom Profil Hengsbachs auch ins Kreuzfeuer öffentlicher Kritik geraten kann, versteht sich fast von selbst. Da wurde beispielsweise kritisiert, daß er als Militärbischof (stolz zeigt er die Ernennungsurkunde zum »Ehrenfeldjäger«) auch für Zivildienstleistende zuständig sein sollte, wogegen er einwendet: »Ich verkünde allen dasselbe Wort Gottes«. Aufsehen erregten auch ablehnende Äußerungen gegen die »Theologie der Befreiung«, und nicht jedermann gefiel seine (keineswegs uneingeschränkte) Befürwortung der Kernenergie.
Im nachdenklichen Gespräch sagt der Bischof freilich Unstrittiges: »Je älter man wird, desto größer wird das Geheimnis Gottes.« Dies zu verkünden, ist seine Hauptaufgabe und

Weihbischof Franz Grave

geboren:	25.11.1932
Priesterweihe:	02.02.1959
Bischofsweihe:	03.05.1988

Weihbischof Julius Angerhausen

geboren:	03.01.1911
Priesterweihe:	21.12.1935
Bischofsweihe:	12.04.1959

Als Kardinal Hengsbach 1985 seinen 75. Geburtstag feierte, schenkten ihm Bergleute eine Grubenlampe, die seine Verbundenheit mit den arbeitenden Menschen im Revier symbolisieren sollte.

auch Sorge. Denn heute lebten viele Menschen so, als gebe es keinen Gott, die innere Verweltlichung habe zugenommen. Die Vertikale des Kreuzes werde vergessen – so hänge der Querbalken, das Leben in der Horizontalen, sozusagen in der Luft. Zu seiner Diagnose gehört auch die Erkenntnis, daß »unsere Generation aus vielen Gründen die Barmherzigkeit verloren hat«, daß anstelle der Wahrheit der (subjektive) Sinn für Wahrhaftigkeit getreten sei. Doch gebe es deutliche Anzeichen für eine neue Besinnung, vor allem in der Jugend, und die Gemeinden seien zwar geschrumpft, doch lebendiger, stabiler, gesünder.

»Ich liebe die Leute hier, ich bin rundrum richtig hier zu Hause«, faßt Hengsbach zusammen. »Und ich bin dafür da, daß die Leute zum lieben Gott kommen.« Das aber läßt ihm, der sich »nicht vorwerfen will, daß ich nicht wach gewesen bin«, kaum Zeit für anderes: Bienenzucht, Klavierspiel – und Schalke.

Das alte »Münster am Hellweg« in Essen, gegründet 852, birgt das Grab von Bischof Alfrid, dem vierten Oberhirten von Hildesheim. Das Gotteshaus war Mittelpunkt des Damenstiftes Essen und der Siedlung, die den Namen des Stifts annahm. Erst bei der Bistumsgründung 1958 wurde hier der Bischofsstuhl errichtet.

Die Kirche im Revier will Nöte lindern

Als 852 der Sachsen- und Friesen-Missionar Liudger in Essen das »Münster am Hellweg« gründete, als Mittelpunkt des Damenstiftes Essen, war an ein Bistum nicht zu denken. Erst als das Ruhrgebiet im vergangenen Jahrhundert zum Schmelztiegel von Menschen aus aller Herren Länder (vor allem Polen) wurde und sich zum Ballungsgebiet von heute entwickelte, machten sich die (1821 festgelegten) Kirchengrenzen merkwürdig bemerkbar: Mancher mußte sich ein neues Gebetbuch kaufen, weil er auf die gegenüberliegende Straßenseite zog und damit ins Nachbarbistum wechselte. Schon der Apostolische Nuntius, in Berlin, Eugenio Pacelli, der spätere Papst Pius XII., hatte sich in den zwanziger Jahren um eine neue Kirchenstruktur für das soziologisch einheitliche Gebiet bemüht, doch erst 1958 konnte das Bistum Essen errichtet werden. Franz Hengsbach, Weihbischof in Paderborn, wurde der erste Oberhirte. Heute ist die entfernteste Pfarrei im Bistum in dreißig Minuten erreichbar, und gut ein Drittel aller Pfarreien kann sich im Telefon-Ortsnetz mit den Oberen in Essen verständigen. Die Kommunikation der 1,2 Millionen Katholiken im räumlich kleinsten Bistum funktioniert deshalb bestens.
Zur Zeit der Bistumsgründung im Ballungsraum von acht großen Städten und zwei hochindustrialisierten Kreisen begann die »Kohlenkrise«. Gab es anfangs noch 140 Zechen, förder-

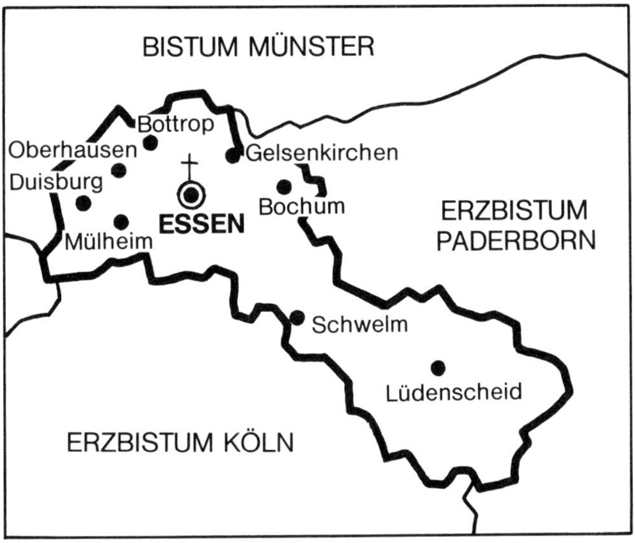

Das Bistum Essen in Zahlen

Größe der Diözese (qkm):	1877,5
Einwohnerzahl:	2691349
davon Katholiken:	1143201
Aktive Geistliche:	541
Ordenspriester:	125
Ruhestandsgeistliche: einschl. d. Pfarrer im besonderen Dienst	176
ständige Diakone:	63
Ordensfrauen:	1024
Ordensbrüder:	34

Diozesanpatronin: Maria, unter dem Titel ‚Mutter vom guten Rat'

ten 1984 nur noch 28. Und der Kohlenkrise folgte die »Stahlkrise«. Wirtschaftliche Mobilität ließ viele Städte auszehren, Konjunkturschwankungen machen sich auch bei den Einnahmen aus der (lohnabhängigen) Kirchensteuer bemerkbar. Viele Menschen haben große materielle Sorgen. Die Kirche kann Arbeitsplätze kaum schaffen, doch Not lindern helfen: Dies ist eine der vordringlichsten Aufgaben des Bistums.

Erzbischof:
Dr. Oskar Saier

geboren: 12.08.1932
Priesterweihe: 02.06.1957
Bischofsweihe: 29.06.1972
Vorsitzender der Kommission für pastorale Fragen

Zeit für jedermann – besonders für die Priester

»Wenn ich gegen jemand was hab', dann sag' ich's ihm direkt.«

Seit 1978 ist Oskar Saier Erzbischof in Freiburg, doch die Zeitungsarchive vermelden außer ein paar Lebensdaten so gut wie nichts über ihn. In gewisser Weise deutet dies auf zwei Charakteristika des 1932 geborenen Oberhirten hin: Ruhe und Bescheidenheit. Manche meinen gar, dies seien fast schon Schwächen, denn so erfahre niemand, wie erfrischend und »persönlich« er in der direkten Begegnung von Mensch zu Mensch sei, und er wisse Dinge zu sagen, die mehr Publizität verdienten; doch dies ist nun mal nicht Saiers Sache. Fragen,

In vinculo communionis
Im Band der Gemeinschaft

Das Wappen zeigt in zwei diagonal zueinander geordneten Feldern ein rotes Kreuz auf goldenem Grund. Es ist das Wappen des früheren Bistums Konstanz, das von der Erzdiözese Freiburg übernommen wurde. Auf den beiden anderen Feldern weisen auf blauem Grund Fisch (silber) und Brote (gold) auf die wunderbare Brotvermehrung hin: Das Brot schafft Gemeinschaft.

wohin der Bischof in Urlaub fährt oder was er gerne ißt, schätzt er wenig - nicht aus Arroganz, sondern weil er sein Amt als Dienst versteht, zu dem er sich nicht gedrängt hat.
Der Landwirtssohn aus dem Hochschwarzwald (geboren in Wagensteig) ist geblieben, was er immer sein wollte: Seelsorger. Kein Wunder, daß er »Heimweh nach der Seelsorge« hatte, als Bischof Hermann Schäufele ihn nach sechs Jahren Kaplanszeit zum Studium des Kirchenrechts »abkommandierte«, weil die Diözese einen Kirchenrechtler brauchte. Das Fach, in dem er auch promovierte, versteht er wie sein Münchner Lehrer Klaus Mörsdorf als »theologische Wissenschaft mit juristischer Methode«.
Die Aufforderung: »Sie müssen Regens im Priesterseminar werden« (1970), kam überraschend. Selbstkritisch erbat er sich zunächst eine Arbeitszeit von einem Jahr, damit der Erzbischof ihm danach vielleicht sagen könne: »Es geht nicht«, und umgekehrt. Neun Jahre lang war er dann Regens, sieben davon zugleich Weihbischof; die Ernennung kam »wie ein Blitz aus heiterem Himmel«. Saier schätzt Offenheit: »Wenn ich gegen jemand etwas hab', dann sag ich's ihm direkt« - so wünscht er es auch für seine Person. Einleuchtend, wenn ein Mitarbeiter sagt, er habe in Saier nicht einen Chef, sondern einen Freund und Kollegen.
Zu seinem Umgangsstil gehört es, Vertrauensvorschuß zu gewähren. »Der Bischof muß die Pfarrer zunächst mal schaffe lasse«, sagt er in schwarzwald-gefärbter Aussprache und lächelt. Aber wenn die Pfarrer den Bischof brauchen, »dann muß er Zeit haben und Geduld«. Damit er Zeit hat, müssen ihn andere entlasten; von Teamarbeit hält er einiges. Auch als Regens war es ihm wichtig, die jungen Priester »teamfähig« zu machen. Er merkt an, daß diese Fähigkeit seltsamerweise nicht vom Alter abhängt.
Die Sorge um den Priesternachwuchs drückt ihn besonders. Er fordert zwar »landauf-landab« zum Gebet für mehr Priester auf - aber man müsse junge Leute auch persönlich ansprechen, sie informieren. So gibt es regelmäßige Einladungen an Schüler zu Wochenenden im Priesterseminar; ein Kloster hat durch die Öffnung zu solchen Informationsbegegnungen kaum noch Nachwuchssorgen.
Aber es geht nicht nur um mehr Priester - sie müssen auch qualifiziert sein. Rigoros meint Saier, wer dem unter ihm eingeführten Klinikpraktikum, das zur Pflicht der Priesteramtskandidaten gehört, nicht gewachsen sei, wäre wohl grundsätzlich kaum geeignet. Denn dort lerne man ja nicht nur gruppendynamische Prozesse im Krankenhaus kennen, sondern müsse auch »dem eigenen Krankwerden und Sterben

Weihbischof Wolfgang Kirchgässner

geboren:	01.06.1928
Priesterweihe:	30.05.1954
Bischofsweihe:	10.02.1980

Weihbischof Dr. Paul Wehrle

geboren:	07.06.1940
Priesterweihe:	15.05.1969
Bischofsweihe:	05.07.1981

begegnen«. Auf eigens ausgebildete Klinik- und Tourismus-Seelsorger legt er in seinem Bistum besonderen Wert. Sein »Programm« sieht Saier durch die 150-Jahr-Feier des Bistums (»Damit sie auch morgen glauben können«) und den Freiburger Katholikentag (1978) vorgegeben.

Damit er das Motto umsetzen kann – vor allem in der Ehe-, Familien- und Jugendseelsorge, »muß der Bischof die Leute kennen«. Er und seine Weihbischöfe treffen ständig – oft ein Wochenende lang – in den Dekanaten den Klerus, die Angestellten und die Gemeindemitglieder. Aber: »Wir müssen als Bischöfe aufpassen, daß wir nicht nur mit denen zusammenkommen, die ohnehin hauptberuflich mit der Kirche zu tun haben.« Deshalb gibt es noch einen zweiten Begegnungsschwerpunkt: Besuche von Unternehmen und dort Gespräche mit der Leitung wie den Arbeitnehmern. Am Abend werden dann die Betriebs- und Personalräte der ganzen Stadt eingeladen. Der Bischof hält ein Kurzreferat mit »Aufhängern für Fragen«, und dann geht er »von Mann zu Mann«, und die Gespräche sind radikal ehrlich. Von großen Diskussionen, wo sich jeder ohnehin nur selbst produziere, hält er nichts. Gespräche sind für ihn offenbar besonders wichtig. In bezug

Bischof Oskar Saier bevorzugt das direkte, persönliche Gespräch. Im Januar 1986 hieß er den bekannten früheren Erzbischof von Olinda-Recife, Dom Helder Camara, willkommen.

auf die Priester meint er dazu, man müsse »das Image loswerden, daß die Leute, wenn sie zum Pfarrer kommen, zuerst sagen: Ich will Sie nicht belästigen, Sie haben soviel zu tun.«
Wollte er immer Priester werden? Die Antwort kommt eher indirekt. Interessiert habe er sich für den Lehrerberuf, die Medizin, die Philosophie. Die Entscheidung zum Priesterberuf habe er in großer Freiheit treffen können, denn bis zuletzt hielt ihm der Vater die Möglichkeit offen, den Hof zu übernehmen.
Es liegt auf der Hand, daß er sich »draußen« am besten erholt. Freiburger begegnen ihm manchmal, wenn er mit dem Rucksack über den Schloßberg wandert; sein Ausweg, wenn er merkt, »daß es nicht mehr geht«.
Innerliches Erschöpftsein mag Oskar Saier gar nicht, denn dann kann er das Schönste am Bischofsberuf nicht genießen: »Zusammensein mit den Leuten, im Gottesdienst, im Gespräch.«

Das gotische Münster von Freiburg, ein Meisterwerk der Baukunst, soll den »schönsten Turm der Christenheit« (Höhe: 105 Meter) besitzen. Der Neubau wurde 1200 in Angriff genommen, das Langhaus in der zweiten Hälfte des 13. Jahrhunderts vollendet. Einen Höhepunkt der deutschen Gotik stellt der Skulpturenzyklus im Portalbereich dar. Das Münster war, darauf deutet die Einturmfassade hin, ursprünglich eine Pfarrkirche und wurde erst 1827 zur Kathedrale erhoben.

Die verzwickte Badener Familie

Freiburg ist schon seit 1457 Universitätstadt, doch ein Bischof residiert dort erst seit 1827 - wobei für die Wahl Freiburgs mitentscheidend war, daß hier das prächtige Münster mit dem »schönsten Turm der Christenheit« steht und Freiburg weniger weit von Karlsruhe entfernt ist als die alte Bischofsstadt Konstanz. Vorausgegangen war die endgültige Umwandlung einer über tausend Jahre alten Gebietsordnung durch Napoleon und den Wiener Kongreß - verbunden mit der Auflage, daß die im Südwesten gegründeten Staaten auch je die Grenzen eines Bistums darzustellen haben. Freiburg erkor dann wenigstens den heiligen Bischof Konrad von Konstanz zu seinem Patron.

Das neue Bistum Freiburg wurde »zusammengestückelt« aus

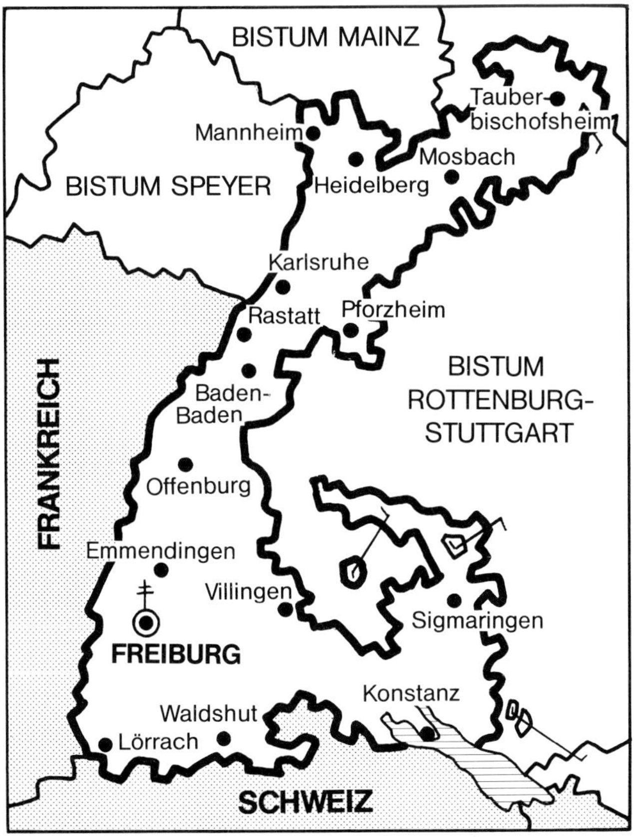

Das Bistum Freiburg in Zahlen

Größe (qkm):	16 229,5
Einwohnerzahl:	4 000 000
davon Katholiken:	2 199 550
Aktive Geistliche: 927 Diözesanpriester/41 Priester aus anderen Diözesen/ 38 Ausländerseelsorger	
Ordenspriester:	324
Ruhestandsgeistliche:	320
ständige Diakone:	99
Ordensfrauen:	4 218
Ordensbrüder:	164

Diözesanpatronin: Unsere Liebe Frau; Zweitpatron: Hl. Bischof Konrad

Teilen der sechs Diözesen Konstanz, Straßburg, Speyer, Worms, Würzburg und Mainz; die eher bedächtigen, erdverbundenen südbadischen Alemannen sind mit den unbeschwerten, lebensfrohen, nordbadischen Kurpfälzern zur „verzwickten Badener Familie“ (Wilhelm Hausenstein) zusammengewachsen, die nach außen offen und verbindlich Kontakte pflegt, etwa zu den deutschen, französischen und schweizerischen Nachbardiözesen.

Man kann sagen, daß im badischen Katholizismus zumeist ein waches Gefühl für die Erfordernisse der jeweiligen Stunde da ist. Ein Beispiel ist die erste sozialpolitische Rede, die je vor einem deutschen Parlament gehalten wurde: 1837 von Franz Joseph Ritter von Buß vor dem Badischen Landtag (er war später Präsident des ersten Deutschen Katholikentages in Mainz, 1848). Andere Beispiele sind der »eigene« badische Kirchenkampf 1853/54 gegen die Umklammerung der Kirche durch die Regierung und der badische Kulturkampf, der schon 1868 aufgenommen wurde.

Es ist auch kein Zufall, daß der Deutsche Caritasverband seit der Gründung 1897 seine Zentrale in Freiburg hat oder daß der Freiburger Diözesanpriester Emil Spath 1968 die Notwendigkeit für die Schaffung eines »Informationszentrums für Priesterberufe« erkannte. Und nicht von ungefähr dürfte es gerade die geistige und geistliche Atmosphäre Freiburgs gewesen sein, die 1978 einen Katholikentag »neuen Typs« möglich machte, der bis heute allen Katholikentagen Impuls und neuen Schwung verliehen hat.

Erzbischof
Dr. Dr. Johannes Dyba

geboren:	15.09.1929
Priesterweihe:	02.02.1959
Bischofsweihe:	13.10.1979

Die müden Christen in Deutschland munter machen

Einer der beliebtesten Interview-Partner ist der Fuldaer Erzbischof Johannes Dyba (Jahrgang 1929); nicht etwa, weil er modische Ansichten verbreitet, sondern weil der gelernte Jurist mit angeborener (Berliner) Schlagfertigkeit witzig und pointiert wie kaum ein anderer Oberhirte formuliert. Sogar ein geflügeltes Wort hat er im Gespräch mit der Frankfurter Allgemeinen Zeitung schon in die Welt gesetzt: »Einmal richtig durchgeglaubt«. Das kam so: Dyba schilderte, wie er, der promovierte Jurist und Mitbegründer des Rings Christlich-De-

»Wie wenig glückliche Gesichter sieht man doch ... und wie bestürzend ist es zu sehen, wie wenig wir Christen uns abheben von dem allgemeinen Bild.«

Filii Dei sumus
Kinder Gottes sind wir

Das viergeteilte Wappen zeigt in den Feldern 1 und 4 auf silbernem Grund ein schwarzes Kreuz, das Fuldaer Stiftskreuz. Feld 2 enthält drei goldene Kronen auf rotem Grund für das Erzbistum Köln, wo Erzbischof Dyba die Priester- und später die Bischofsweihe empfangen hat. Feld 3 zeigt einen schwarzen Bären (rot bewehrt, das heißt mit roter Zunge und Krallen) auf goldenem Grund, Symbol der Geburtsstadt Berlin.

mokratischer Studenten (1951/52) nach dem Studium der Philosophie und Rechtswissenschaft (in Bamberg, in den Vereinigten Staaten und in Heidelberg), über eine politische Laufbahn räsonierte; er hätte auch Justitiar in einem großen Chemie-Konzern werden können. In langen Nächten habe er sich gefragt: »Soll das alles sein?« Und dann habe er einmal »richtig durchgeglaubt«. Ergebnis: Die Entscheidung zum Priestertum.

Dyba weiß, daß man ihm vorwirft, Sätze wie »Wir wollen als Kinder Gottes zusammen glücklich werden« (Predigt bei der Amtsübernahme), seien zu einfach, da würden Probleme simplifiziert. Doch, so fragt er zurück: Habe Christus denn gesprochen wie kluge Theologen oder vielleicht wie Heidegger? Er jedenfalls wundert sich, daß man hierzulande laut aufschreie, wenn einer wie er »ein klares Wort« sage. Der Kirchendiplomat Dyba denkt gar nicht daran, sich diplomatisch zu verhalten. Genau deshalb kam die erste öffentliche Kritik zustande, niedergeschrieben in der Zeitung kritischer Christen, »Publik Forum«. Unter der Überschrift »Fuldaer Elefant im Porzellanladen« wurde dem Bischof empfohlen, erst einmal »zuzuhören und sich ruhig zu verhalten«. Seine Replik dazu: Wieso werfe man ihm vor, daß er sage, was er denke – etwa zur Friedensdiskussion – was man bei anderen als Tugend der Offenheit lobe?

Der Bischof macht nicht gerade den Eindruck, als sei er zutiefst beleidigt ob solcher Kritik und hat sich ihr mehrfach im Dialog gestellt: »Dialogfreudiger als ich kann man gar nicht sein.« Auseinandersetzungen liebt er geradezu und muß sich dabei eher bremsen – was bei seinem Temperament nicht immer einfach sein dürfte.

Als Dyba 1983 aus Westafrika als Bischof nach Fulda kam – womit kaum jemand gerechnet hatte – wurde er, seiner Meinung nach, »unerwartet herzlich« aufgenommen. Eigentlich habe er mit mehr Kritik darüber gerechnet, daß er, der 53 Jahre junge »Außenseiter« von Gott »nach Fulda befördert (wurde), wie weiland Ezechiel, der ja auch am Schopf emporgehoben wurde, um an dem heiligen Ort zu landen, an dem er das Wort Gottes künden sollte«.

Das »Wort Gottes künden« heißt für Dyba getreu seinem Wappenspruch »Kinder Gottes sind wir«: die Botschaft der Freude zu bringen, daß wir Kinder Gottes sind. Der Begriff »Kind Gottes sein« taucht fast wie ein Kehrvers häufig auf: Für ihn ist es die tragende Idee, der Kern schlechthin. Es geht darum, zu begreifen, daß »der Mensch, der ich bin, so von Gott gewollt ist; ich bin nur da, weil Gott mich mal so vor aller Zeit gewollt hat«. Selbstverwirklichung in diesem Sinn be-

Weihbischof Johannes Kapp

geboren:	14.05.1929
Priesterweihe:	03.04.1954
Bischofsweihe:	12.09.1976

deutet, »daß ich die Idee verwirkliche, die Gott von mir hatte, als er mich erschuf«.
Ihm, der so lange im Ausland war, fällt besonders die Freudlosigkeit der Christen hierzulande auf: »Aus allen Leitungen kommt Wasser, überall gibt es Licht und Strom und Luxus, alle Leute sind satt und gut angezogen ... und trotzdem ... wie wenig glückliche Gesichter sieht man doch und wie viele unzufriedene, verbitterte und von der Angst zerstörte Gesichter. Und wie bestürzend ist es zu sehen, wie wenig wir Christen uns abheben von dem allgemeinen Bild.«
»Freude« ist bei Dyba nie nur im Sinne von »geistlicher Erbauung« gemeint. Dazu gehören für ihn, den wohl sportlichsten deutschen Oberhirten, das tägliche Jogging ebenso wie das Vergnügen, »selbst seinen Gegnern Obstkuchen mit Schlagsahne zu servieren und den Kaffee persönlich einzuschenken«: so der »Spiegel« in einem Porträt, durchaus mit einem Unterton von Respekt.
Wie ein Kontrast zu Dybas lebhaftem Temperament wirkt sein Eintreten für das Stillwerden, das »Alleinsein mit Gott« - das vielen heute schwerfällt. Viel zuviel werde auch gefragt: »Was erwarten die Menschen von der Kirche?, statt zu fragen: Was erwartet Gott von den Menschen?«
Wenn Dyba sagt, man müsse den zerbrochenen Kontakt zwischen Gott und dem Menschen wiederherstellen, dann spricht daraus der Seelsorger, der er - auch in den zwanzig Jahren seiner Diplomatenzeit - immer sein wollte. Wenn es nach ihm

Emeritierter Diözesanbischof Dr. Dr. h. c. Eduard Schick

geboren:	23.02.1906
Priesterweihe:	22.12.1928
Bischofsweihe:	11.05.1962

Seine Vielseitigkeit stellte Erzbischof Johannes Dyba unter Beweis, als er bei einem Diözesantreffen die Bedienung entlastete und persönlich den Braten servierte.

gegangen wäre, hätte der geborene Berliner ohnehin eine »Seelsorge-Karriere« gemacht, die er in seiner Wahldiözese Köln als Kaplan in Wuppertal begann. Doch gehorsam folgte er Kardinal Joseph Frings, der ihn an die Päpstliche Diplomaten-Akademie sandte, um Papst Johannes XXIII. bei der »Internationalisierung der Kurie« zu unterstützen. In Rom promovierte Dyba zum zweitenmal (Kirchenrecht) und wurde 1966 mit 37 Jahren der jüngste Abteilungsleiter im päpstlichen Staatssekretariat, zuständig für die deutschsprachigen Länder.

Die Stationen der Diplomatenkarriere: 1967 Buenos Aires, 1968 Niederlande, 1972 Kinshasa (Zaire), 1974 Kairo. Er spricht perfekt englisch, französisch, niederländisch, spanisch, italienisch.

1977 kehrte Dyba nach Rom zurück und war bis 1979 Vize-Sekretär der Päpstlichen Kommission »Justitia et Pax«, bis er schließlich zum Pro-Nuntius in Liberia und Gambia und zum Apostolischen Delegaten in Guinea und Sierra Leone ernannt wurde.

Zurück in Deutschland beklagt Dyba, daß mancher Afrikaner, den »wir« zu einem Christen gemacht haben, bei einem Europa-Besuch schockiert ist, wie »verludert wir Christen inzwischen sind«. Auch hier setzt Dyba mit seiner Botschaft an, die Menschen »wieder zu fröhlichen Christen zu machen«. Eine schwierige Aufgabe in einem Land, in dem es längst mehr »fernstehende« als praktizierende Christen gibt.

Der Fuldaer Dom, ursprünglich eine Benediktiner-Abtei, war das Lieblingskloster des heiligen Bonifatius. Er ließ es 744 von seinem Schüler Sturmius errichten und bestimmte es selbst zu seiner Beerdigungsstätte. Tausend Jahre später errichtete der Baumeister Johann Dientzenhofer den Barockneubau nach dem Vorbild der Peterskirche in Rom.

Am Grabe des heiligen Bonifatius

Obgleich Fulda erst 1752 formell zum Bistum erhoben wurde, reicht die Geschichte weit zurück. Sie beginnt mit dem Lieblingskloster des Heiligen Bonifatius, das er hier 744 inmitten missionierter Germanenstämme errichten ließ und zu seiner Beerdigungsstätte bestimmte. Das Bonifatiusgrab in Fulda wurde schon bald Ziel zahlloser Pilger, die dem Kloster in dankbarer Verehrung des Heiligen Dörfer und Kirchen, Höfe und Mühlen, Zinsen und sogar Hörige schenkten. Es wuchs, von Päpsten und Kaisern mit Privilegien überhäuft, schnell zu einer bedeutenden Abtei mit vielen Nebenkirchen. Weil Bonifatius dem Kloster das Privileg der Exemtion hinterlassen hatte - was es nicht einem Bischof, sondern unmittelbar dem Heiligen Stuhl unterstellte - bekamen die Äbte von Fulda bald eine Position, aus der sie sich nach und nach in den Besitz bischöfliche Rechte über ihr weltliches Territorium bringen konnten.

Noch immer pilgern viele zum Bonifatiusgrab nach Fulda -

Das Bistum Fulda in Zahlen

Größe Erfurt (qkm):	10630
Einwohnerzahl:	2050000
Davon Katholiken:	240000
Größe Fulda (qkm): 9330	
Einwohnerzahl:	1400000
Davon Katholiken:	466000
Aktive Geistliche:	266
Ordenspriester (Seelsorge):	41
Ruhestandsgeistliche:	89
ständige Diakone:	9
Missionare:	150
Ordensfrauen:	583
Ordensmänner:	147
Diözesanpatrone: HI. Bonifatius und HI. Elisabeth	

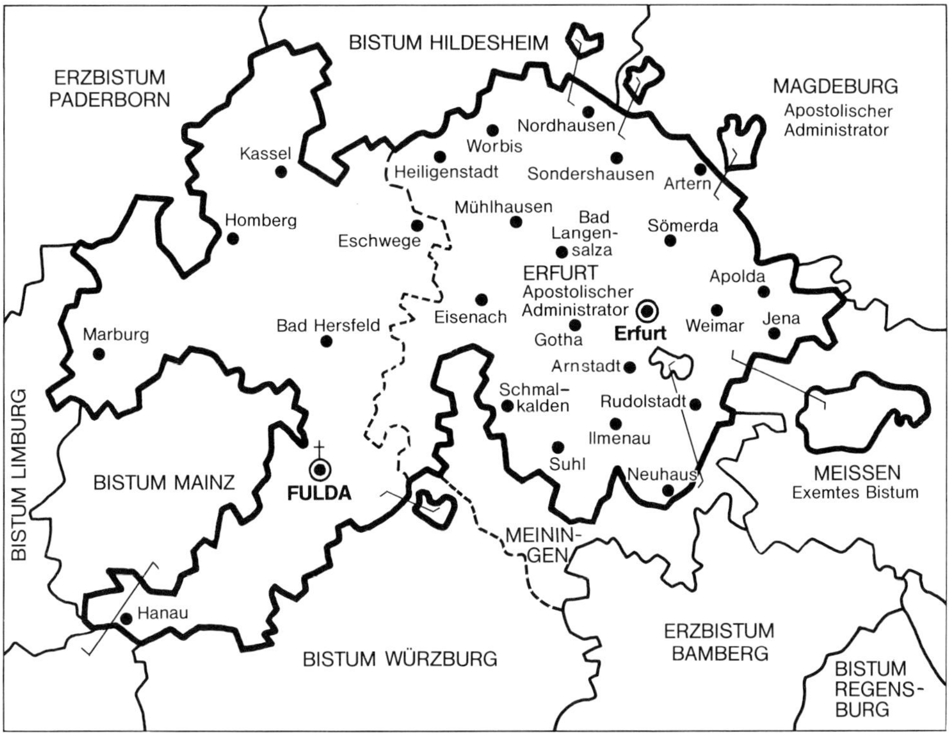

beispielsweise Papst Johannes Paul II., der hier auch schon als Krakauer Kardinal war. Viele Hirtenworte schließen mit der Formel: »Die am Grab des Heiligen Bonifatius versammelten Bischöfe«; jeden Herbst tagt hier die Deutsche Bischofskonferenz. Heute ist Fulda nicht nur ein typisches Diaspora-Bistum, sondern es ist auch von der deutschen Teilung besonders betroffen. Der der Fläche nach größere Teil der Diözese liegt in der DDR, in Erfurt residiert ein Bischof als Apostolischer Administrator.

Eine Reihe von Schwierigkeiten ergeben sich durch die industrielle Entwicklung, etwa im Vorfeld von Frankfurt oder in und um Kassel. Dort hat sich die Katholikenzahl in wenigen Jahren oft mehr als verdoppelt, und der Priestermangel macht sich schmerzlich bemerkbar. Den beiden Bistumsheiligen – Bonifatius und Elisabeth – ist zu verdanken, daß zwei Arbeitsgebiete noch heute im Vordergrund stehen: Mission und Caritas. Beispielsweise arbeiten 170 Missionare aus Fulda in allen Teilen der Welt. Das Netz der sozial-caritativen Einrichtungen ist eng; das im ganzen Bundesgebiet bekannte Taubblindenheim in Steinbach ist ein Beispiel.

Die Bedeutung Elisabeths liegt für Fulda auch darin, daß ihre Wirkungsstätten im Ost- wie im Westteil (Eisenach/Wartburg und Marburg) liegen und sie eine Brücke über den Eisernen Vorhang hinweg bildet.

Bischof:
Dr. Josef Homeyer

geboren:	01.08.1929
Priesterweihe:	11.02.1958
Bischofsweihe:	13.11.1983

Vorsitzender der Kommission für gesellschaftliche und sozial-caritative Aufgaben

Politisches Talent mit Liebe zur Seelsorge

Wie ist das, wenn man vom Bonner (kirchen)politischen Parkett als Hirte nach Hildesheim verpflanzt wird? Josef Homeyer, ob seiner Talente als Sekretär der Deutschen Bischofskonferenz in Bonn (1972 bis 1983) gern »katholischer Manager Nr. 1« und »politischer Prälat« etikettiert, findet es in Hildesheim »um vieles schöner, weil es unmittelbare Seelsorge ist«. Die allerdings sieht anders aus, als es der westfälische Bauernsohn (geboren 1929 in Harsewinkel) bei seinen vorherigen Berufsstationen kennenlernen konnte: als Dorfka-

»Nächstenliebe heißt nicht nur des anderen Last tragen, sondern alles zu tun, daß die politischen Strukturen so sind, daß sie der Freiheit des anderen dienen.«

In Mundum universum
In die ganze Welt

Im geviertteilten Schild zeigen zwei Felder das alte Wappen des Bistums und der Stadt Hildesheim, eine längs in Rot und Gold geteilte Fläche. Die anderen beiden Felder zeigen den griechischen Buchstaben Tau (T), das dem Wortsinn nach »Zeichen« meint und bei den Kirchenvätern in der Theologie des Kreuzes eine große Rolle spielt. Die weiß-rote Rasterung des Tau erinnert an den Gründer der Zisterzienser, den heiligen Bernhard, dessen Wappen ein weiß-rotes Band war. Im Wappen des Bischofs soll es erinnern an die Zisterzienser-Abtei Marienfeld in seiner Heimat Harsewinkel. Die feurigen Zungen im Wappen bezeichnen den Heiligen Geist.

Weihbischof Heinrich Pachowiak

geboren:	25.03.1916
Priesterweihe:	15.05.1940
Bischofsweihe:	15.07.1958

Weihbischof Heinrich Machens

geboren:	25.01.1919
Priesterweihe:	13.03.1949
Bischofsweihe:	07.06.1976

plan in Mettingen (1958 bis 1961), Landvolkseelsorger (bis 1966), Schulreferent in Münster (1966 bis 1971), Sekretär der Würzburger Synode.

Hildesheim ist Diaspora: Etwa 20 Prozent der Katholiken (150 000) Menschen nehmen am Gemeindeleben teil, bei den Protestanten sollen es vielerorts weit unter 5 Prozent sein. Homeyer spricht von einer »neo-paganen«, einer neuheidnischen Gesellschaft, »in der Gott nicht vorkommt«.

Dennoch beurteilt er dies auffallend vorsichtig: »Es ist eine Lage, deren Konsequenzen ich nicht ganz überschauen kann.« Vorsichtig formuliert er auch die Vermutung, daß selbst aktive Gemeinden im Bistum der Gefahr jeder Minderheit erliegen könnten, sich in einen Elfenbeinturm des »Wir-unter-uns« zurückzuziehen. Das führe dann dazu, daß ein Pfarrer zwar von 100 Arbeitslosen in der Gemeinde wisse - aber keinen von ihnen kenne.

Homeyer fordert von den Christen eine »Offensivstruktur«. Wer aus Bonner Hintergrundgesprächen seine eher weiche, leise Stimme kennt, traut den Ohren nicht, wenn er ihn donnernd von der Kanzel, mit Pathos und großer Gestik »nach Beseitigung ungerechter Strukturen« rufen hört. Wir seien die Nutznießer, wenn wir Bananen essen, die nur aufgrund ungerechter Löhne billig sind. »Nächstenliebe heißt nicht nur, des anderen Last tragen, sondern alles zu tun, daß die politischen Strukturen so sind, daß sie der Freiheit des anderen dienen.«

Sieht man diesen Aufruf im Zusammenhang mit der unermüdlich propagierten »Einführung eines neuen Brauchs: geistliches (nicht theologisches) Gespräch«, so erinnert dies an den Weg der Basisgemeinden in der »Dritten Welt«. In Verbänden, Räten, bei allen Treffen soll aus dem Gespräch über das Evangelium, den »Brief Gottes an jeden,« befreiendes Handeln wachsen.

Homeyer fordert diesen »geistlichen Brauch« auch, damit über der Aktion die Kontemplation nicht vergessen wird. Daher freut ihn ein neues Benediktinerinnenkloster im Bistum besonders; er würde die Diözese am liebsten »re-benediktinisieren«. Kein Wunder: er selbst hatte sich früher einmal als Novize bei Benediktinern in Niederalteich angemeldet, doch: »Der liebe Gott wollte es offenbar anders«. Das wurde ihm seinerzeit auf einer »Motorrad-Pilgerfahrt« nach Jerusalem klar.

Homeyer, der zum Dr. phil. promovierte, hat in Innsbruck und Münster studiert, rechnet die Brüder Rahner zu seinen geistigen Vätern und schätzt besonders Urs von Balthasar. »Nebenbei« befaßt er sich schon lange mit dem deutschem Idealismus als geistesgeschichtlichem Hintergrund, auf dem

sich die Lage heute nur begreifen lasse. Sogar ein fast fertiges Buchmanuskript liegt dazu in seinem Schreibtisch.
Solche Fragen haben wohl auch seine Idee zur Gründung eines Instituts für Philosophie in Hannover - als kirchliche Stiftung - mitbeeinflußt. Das positive Echo, etwa aus den Hochschulen in Göttingen und Hannover, hat ihn überrascht: »Die Öffentlichkeit nimmt uns (Katholiken) enorm ernst ... mit dieser Erwartungshaltung tun wir uns etwas schwer.« Erwartungen gibt es auch bei Protestanten, die Homeyer schon lange als Mitglied ökumenischer Gesprächskreise kennen.
In der Ökumene allerdings mahnt er vor allem zur Geduld und zur Ausschöpfung des Möglichen. Mit dem evangelischen Amtsbruder Eduard Lohse verbindet ihn ein freundschaftliches Verhältnis; mit Lohse hat er unter anderem Gespräche mit Gewerkschaftern und Arbeitgebern zur Arbeitslosigkeit geführt.
Der »Polen-Fan« Homeyer hat sich seit Jahren der Versöhnung verschrieben, was in seinem Flüchtlingsbistum Fingerspitzengefühl erfordert. Andererseits hilft ihm hier sein gesamteuropäischer Denkansatz. Der Europäer aus Überzeugung, vertritt die Deutschen auch im Rat der Europäischen Bischofskonferenzen.

Mit Kelle und Trillerpfeife verabschiedete Josef Homeyer im Juni 1985 den 50. Pilgersonderzug seiner Diözese nach Kevelaer auf dem Hildesheimer Bahnhof: natürlich mit der richtigen Mütze auf dem Kopf.

Homeyer hält viel von kompetenter Mitarbeit der Laien, ist aufgeschlossen für eine Diözesansynode und wünscht sich vor allem, daß die Introvertiertheit der praktizierenden Christen »nach außen gewendet« werde.
Dem Fußballfan, der sich mit Trimmfahrrad und Sauna - ein Geschenk von Freunden zur Bischofsernennung - fit hält, fällt das Gespräch mit jungen Menschen leicht. Allerdings braucht es dazu auch eine Portion Gelassenheit - etwa wenn eine Meßdienerin die Kommunion zurückweist mit der Bemerkung, sie sei evangelisch. Er erzählt es lächelnd; aber im letzten dürften ihm solche Experimente nicht gefallen.
Warum ist Homeyer Priester geworden? Ungute Erfahrungen im Dritten Reich spielten eine Rolle, die Frage: »Wie kann man wahrhaftig sein?« Und dann war da noch ein Buch des Mystikers Hermann Joseph von Steinfeld - mit der Taschenlampe unter der Bettdecke gelesen. Homeyers Blick streift die deckenhohen Bücherregale ringsum: »Ich lese schrecklich viel zu ungebotener Zeit.«

Der Hildesheimer Dom trägt die Handschrift Bischof Bernwards (933-1022), eines kunstsinnigen Mannes. Der mächtige Bau mit zweigeschossigem Kreuzgang birgt einige der bedeutendsten Stücke der Bronzekunst: Bernwardsäule, Radleuchter und die einzigartigen Bronzetüren. Hildesheim soll bei dem tausendjährigen Rosenstock entstanden sein, der noch heute an der Domapsis blüht.

Hier fanden viele Flüchtlinge eine Heimat

Das Bistum Hildesheim wurde 815 von Ludwig dem Frommen gegründet; in der sächsischen Kaiserzeit machte man hier Reichspolitik. Die bedeutendsten Bischöfe waren Bernward (933 bis 1022) und Godehard (1022 bis 1038). Viele Kunstzeugnisse sind erhalten geblieben, die die Handschrift des kunstsinnigen, frommen Bernward tragen. Er war Reichsfürst, Politiker und Diplomat, Erzieher Ottos III., und er prägte die Bernwardinische Zeit.
Im Bistum liegen das Stift Gandersheim (wo die erste deutsche Dichterin Roswitha lebte) und Bursfelde: Von hier gingen im Mittelalter wichtige Reformen aus. In der Reformation

Das Bistum Hildesheim in Zahlen

Größe (qkm):	33500
Einwohnerzahl:	6000000
davon Katholiken:	733478
Aktive Geistliche:	470
Ruhestandsgeistliche:	101
ständige Diakone:	52
Ordensfrauen:	550
Ordensmänner:	90

Bistumspatronin ist die Mutter Gottes (Mariae Himmelfahrt)

wurden alle Kirchen und Klöster - notfalls mit Gewalt - reformiert, und in der Säkularisation (1802) fiel das Fürstbistum an Preußen, später an Hannover. Fast das gesamte Kirchenvermögen wurde eingezogen.
Die Folgen beider Ereignisse reichen bis in unsere Zeit: In einem Vertrag zwischen dem Heiligen Stuhl und Hannover (1824) fielen das Bistum Verden, Teile der Erzbistümer Bremen/Hamburg, Mainz, des Bistums Minden und Teile von Halberstadt an Hildesheim. Es ist heute fast so groß wie die Niederlande - doch auf dieser Fläche leben nur eine dreiviertel Million Katholiken: Ein Riesen-Diaspora-Bistum. Es gibt nur zwei katholische Stammlande: Das ehemals kurmainzische Untereichsfeld (Mittelpunkt Duderstadt) und die Bischofsstadt selbst. Zwei Drittel aller Katholiken sind Flüchtlinge (das Grenzdurchgangslager Friedland liegt auf Hildesheimer Territorium). Die Diasporasituation ist nicht nur schwierig, sondern hat auch positive Folgen: Mitarbeit der Laien (zum Beispiel 1968/69 in der ersten deutschen Diözesan-Synode) und ein ökumenisches Klima. Nach dem Krieg etwa hatten mehr als 1100 evangelische Gemeinden den Katholiken ihre Kirchen zur Verfügung gestellt. Es gibt drei ökumenische Gemeindezentren im Bistum. Das Engagement der Laien wächst, die Diasporasituation drückt weniger - doch die glanzvollen Zeiten sind für immer vorbei.

Bischof:
Joachim Kardinal Meisner

geboren: 25.12.1933
Priesterweihe: 22.12.1962
Bischofsweihe: 17.05.1975
Vorsitzender der Kommission für liturgische Fragen

Wie der alte Abraham die Heimat zurückgelassen

Und dann streckt er seine Hand über die Brüstung der alten, hölzernen Kanzel im Kölner Dom: allen entgegen, »für die ich Verantwortung trage, und bitte sie, die ausgestreckte Hand zu ergreifen, damit wir gemeinsam den Auftrag des Herrn erfüllen können.« Beifall brandet auf in der Kathedrale. Die Gläubigen scheinen die Hand ihres neuen Oberhirten nicht ausschlagen zu wollen.
Seit 15.18 Uhr an diesem ersten Fastensonntag 1989, dem

»Wir reden zuviel von der Erde und zuwenig vom Himmel, zuviel von der Zeit und zuwenig von der Ewigkeit.«

Spes nostra firma
Unsere Hoffnung für euch steht fest

Der von Silber und Blau gespaltene Wappenschild zeigt (heraldisch) rechts das geständerte schwarze Kreuz des Erzbistums Köln, links einen goldenen Korb mit drei silbernen Broten, das persönliche Wappen von Kardinal Meisner in Anlehnung an die wunderbare Brotvermehrung bei Joh 6. Der Wappenschild wird umrahmt von dem Kardinalshut. Der Schild befindet sich vor dem Doppelkreuz, dem Vortragekreuz des Erzbischofs; unter dem Schild das Pallium, ein bei feierlichen Gottesdiensten über dem Meßgewand getragener, ringförmig zusammengenähter weißer Wollstreifen mit schwarzen Seidenkreuzen.

12. Februar, ist Kardinal Joachim Meisner, bis dahin Bischof von Berlin, Erzbischof von Köln. Exakt um diese Uhrzeit nimmt er aus den Händen des Apostolischen Nuntius in der Bundesrepublik, Erzbischof Josip Uhao, seine Ernennungsurkunde entgegen. Eine lange Sedisvakanz des Kölner Bischofsstuhles ist damit beendet; war doch Kardinal Joseph Höffner bereits am 14. September 1987 von seinem Amt als Erzbischof entbunden worden.

Über die Umstände seiner Berufung mag sich Kardinal Meisner nicht äußern; wiewohl sie die Öffentlichkeit über Monate heftig bewegt hatten. Er habe - so sagt der 1933 in Breslau-Lissa Geborene - noch niemanden aus dem Domkapitel gefragt, was dort anläßlich der Bischofswahl diskutiert worden sei. Und was man damals alles geschrieben habe, wolle er nicht noch lesen. Der Erzbischof blickt nach vorn.

Kardinal Joachim Meisner ist vom »schwersten Bistum der Weltkirche«, dem Bistum an der Nahtstelle zweier unterschiedlicher gesellschaftlicher Systeme, in das wohl finanzstärkste Bistum der Welt »transferiert« worden. Der Oberhirte hat diesen Schritt schweren Herzens getan, im Gehorsam gegenüber dem Papst. Ein Schritt, der praktisch das Übersiedeln eines Bürgers der DDR in den Westen bedeutete. Dieser Schritt kann Joachim Meisner schon deshalb nicht leicht gefallen sein, weil nicht zuletzt er es war, der mit Blick auf Ausreisewillige eindeutig erklärt hatte: die Kirche in der DDR könne auf überzeugte und überzeugende Christen nicht verzichten. Meisner: »Das war einer der härtesten Punkte im Ringen um die Einwilligung in den Willen eines anderen. Ich bin zutiefst beschämt darüber und beschenkt davon, wie positiv die Gläubigen in der DDR diese Entscheidung aufgefaßt haben. Das Woher, die Mark Brandenburg, und das Wohin, das Rheinland, sieht bei mir aus wie bei einem normalen DDR-Aussiedler; bloß das Wodurch, der Veranlasser, stimmt damit nicht überein. Das haben die Gläubigen verstanden: Daß ich, wie etwa der alte Abraham, tatsächlich meine Heimat aufgeben mußte, um in eine Zukunft zu ziehen, die ich nicht kenne.«

Joachim Meisner ließ - wenn man so will »wie der alte Abraham« - seine ganze Familie zurück. Da ist seine Mutter Hedwig, sein ältester Bruder Hubert, der drittälteste, Peter, und der jüngste, der Werner, und deren Familien.

Mit ihren vier Söhnen erreicht Mutter Meisner 1945 die Ortschaft Körner in Thüringen. Sie sind aus Schlesien vertrieben worden. Vater Walter Meisner war im Krieg gefallen. Einer der ersten, dem die fünfköpfige Familie begegnet, ist ein Rheinländer, Priester des Erzbistums Köln. Herbert Böttcher, bei Kardinal Meisners Amtsantritt in Köln Prälat und mit 77 Jahren immer noch Seelsorger am St. Suitbertus in Remscheid, hatte sich noch während des Krieges zur Betreuung der Bombengeschädigten vom Rhein nach Thüringen gemeldet. Keine Frage: zwölfjährig wurde Joachim Meisner bei ihm Ministrant. Zeit zum Üben hatte er nicht: »Es ging gleich los«, erinnert sich der Bischof, »zuerst in Zivil, weil wir keine Ministrantenröckchen hatten, und dann waren wir ganz stolz, als wir welche bekamen.«

Mutter Hedwig Meisner lebte ihren Kindern ihren Glauben vor. Später wird ihr zweitältester Sohn Joachim das »Tagesprogramm einer Frau« in der Pfingstsequenz vom Heiligen Geist wiederfinden: »Wärme, was erkaltet ist; beuge, was verhärtet ist; heile, was verwundet ist; lenke, was da irre geht.« Der Kardinal: »Unsere Mütter bringen in die häusliche Atmosphäre Licht und Wärme.« Wenn der Erzbischof daran denkt, wie oft früher »andere Kinder mit uns nach Hause kamen«, fällt ihm ein: »Die Ärmsten am wärmsten. Das galt als

Der Kölner Kardinal Joachim Meisner bei einer Begegnung mit allen Mitarbeitern des Generalvikariats. Ein stets aufgeschlossener und freundlicher Gesprächspartner.

Weihbischof Dr. Hubert Luthe

geboren:	22.05.1927
Priesterweihe:	02.07.1953
Bischofsweihe:	14.12.1969

Weihbischof Dr. Klaus Dick

geboren:	27.02.1928
Priesterweihe:	24.02.1953
Bischofsweihe:	19.05.1975

Weihbischof Dr. Josef G. Plöger

geboren:	06.07.1923
Priesterweihe:	24.02.1953
Bischofsweihe:	19.05.1975

Weihbischof Walter Jansen

geboren:	15.06.1923
Priesterweihe:	15.07.1951
Bischofsweihe:	19.06.1983

Grundsatz in unserer Familie.« Und wenn Joachim Meisner heute davon spricht, das gute Beispiel eines Christen bewege mehr als zehn Gelehrte mit all ihren Büchern, dann steht ihm dabei gewiß seine Mutter vor Augen.

Auch er selbst hat in jungen Jahren Verantwortung für die Familie zu beweisen: Zwar ist er sich sicher, daß er Priester werden will, doch nach der Schule geht er erst mal in die Lehre als Bankkaufmann. Die vaterlose Familie wirtschaftlich auf eine gesunde Grundlage stellen zu helfen, sieht Joachim Meisner zunächst als vordringlich an. Als Spätberufener wird er zwei Tage vor Heiligabend 1962, am 22. Dezember also, in Erfurt zum Priester geweiht. Diasporasituation: Seine Primizmesser feiert der Neupriester in der evangelischen Kirche in Körner.

Kaplan in Heiligenstadt und Erfurt, schließlich dort Rektor des Caritasverbandes. Es ist schließlich Papst Paul VI., der ihn am Fest »Verkündigung des Herrn«, am 25. März 1975, zum Titularbischof des untergegangenen nordafrikanischen Bistums Vina ernennt und ihn zum Weihbischof des Apostolischen Administrators in Erfurt-Meiningen, Bischof Hugo Aufderbeck, bestellt. Aufderbeck, von dem Kardinal Meisner sagt, er habe ihm „unheimlich viel zu verdanken«, erteilt ihm am 17. Mai 1975 die Bischofsweihe.

Bei diesem Anlaß kann man bereits »Berührungslinien« ausmachen zwischen dem damaligen Erfurter Weihbischof und seinem heutigen Wirkungskreis: Ist doch das Titularbistum, das Weihbischof Meisner erhielt, jenes, das auch dem früheren Breslauer und späteren Kölner Weihbischof Joseph Ferche, der 1965 verstarb, zugewiesen worden war.

Mit dem heiligen Petrus sollte noch ein weiteres Bindeglied für Joachim Meisner dazu kommen: 17. Mai 1980, keine drei Wochen mehr bis zum Berliner Katholikentag. Gerade noch rechtzeitig hat die Stadt, hat das Bistum zum großen Fest der Begegnung einen neuen Oberhirten: den bisherigen Erfurter Weihbischof Meisner. Neun Jahre fast wirkt er im Bistum Berlin, das den heiligen Petrus als Bistumspatron führt, in Köln ist Petrus der Patron des Domes.

Der Katholikentag 1990 an der Spree sollte auch ein Stück weit Kardinal Meisners Katholikentag werden, zehn Jahre ist er dann Bischof. Nun, wenn er als Erzbischof von Köln zu Gast sein wird, wird er manche seiner Ideen wiederfinden.

Da ist zum Beispiel die Kunst. Mit Wieland Schmied, dem Rektor der Münchner Kunstakademie, hat Kardinal Meisner eine große Ausstellung konzipiert, die spirituelle Tendenzen in der Gegenwartskunst aufzeigen soll. Die Ausstellungen der Kölner »Kunststation« an der Kirche St. Peter haben einen

Ausstellungsraum hinzugewinnen können: Während der Dauer einer Bilderschau finden Besucher des Erzbischöflichen Hauses jeweils rechts im Eingangsbereich eines der Gemälde.
Kein halbes Jahr nach seinem Amtsantritt in Köln packt Meisner das »heiße Eisen« Joseph Beuys an und bespricht in einer Sendereihe eines privaten Fernsehanbieters dessen provozierende Plastik »Kreuzigung 1962/63«: »Ein Unterbau aus alten gipsverschmierten Holzbrettern, in der Mitte ein splittriger Balken, rechts und links davor: zwei Flaschen, wie man sie für Blutkonserven verwendet. Man muß schon die traditionellen Kreuzigungsgruppen kennen, um an Maria und Johannes unter dem Kreuz Christi erinnert zu werden, führt Meisner aus: »Anstelle des gekreuzigten Heilands ein Holzstück, das mit alten Elektrokabeln an den Balken gebunden ist ... Gerade durch die Gestaltung mit unkonventionellen Materialien kommt das Ungeheuerliche, Unfaßbare von Christi Opfertod zur Rettung der Menschen erschreckend schmerzhaft zum Ausdruck«, läßt sich Kölns Erzbischof - für manchen angesichts dieser Plastik vielleicht überraschend - vernehmen.
Doch am Ende ist für den Kölner Oberhirten auch diese verfremdete, manchen schockierende Darstellung des Kreuzestodes Christi, ein Weg, Christus »intensiver berührbar« zu machen. Dieses, ist der Erzbischof überzeugt, geschehe zu wenig. Er selbst betreibt »Berührungs-Pastoral«, weicht - wie schon in West-Berlin - auch im Kölner Bistum selbst grellgeschminkten Punkern nicht aus. »Tschüß dann auch, Herr Pfarrer!« - »Du Prol, dat war ne Bischof.« - »Das war sogar ein richtiger Kardinal«, mischt sich ein besserwissendes Pfarrmitglied in den Dialog von zweien aus der wilden Horde. Die sind verblüfft: »Ehrlich? Das ist doch ganz viel?«
»Mir drückt auf der Seele, daß die Kirche für die Gesellschaft unerheblich geworden ist«, sagt der Kardinal. »Wir reden zuviel von der Erde und zuwenig vom Himmel, zuwenig von der Zeit und zuwenig von der Ewigkeit.«

Einflußreich: das Rom des Nordens

Der Kölner Dom ist mit 144 Meter Länge und 6166 Quadratmetern Deutschlands mächtigster Kirchenbau. Der Turm war im Jahr der Vollendung 1880 das höchste Bauwerk der Welt. Den Grundstein legte 1248 Konrad von Hochstadten. Im Inneren befinden sich kostbare Schätze, gotische Glasfenster, mittelalterliche Altäre und der berühmte Dreikönigsschrein.

Das älteste Stadtsiegel Kölns (»Rom des Nordens«, »Colonia Agrippina«) weist das »hillige Köln« und mit ihm die auf Märtyrern gegründete Kirche als »Romanae Ecclesiae fidelis filia« aus. Als Blutzeugen der ersten Zeit gelten Gereon und seine Gefährten, Cassius und Florentius, die Patrone Bonns. Die »Tochter der römischen Kirche« verband ihre Romtreue stets mit einer selbstgewissen Eigenart: Das Heilige heilig halten und das Menschliche an Gott, Kirche und Welt menschlich nehmen.

Bistum Köln

Seit Maternus, dem ersten nachweisbaren Bischof im 3. Jahrhundert, stehen auf der Kölner Bischofs-Liste bedeutende Heiligen- und Herrschernamen: Die heiligen Severin und Kunibert; Hildebold, Domerbauer im 9. Jahrhundert; Gero und Heribert, Kanzler Kaiser Ottos III; Anno, Stifter zahlreicher Klöster; Rainald von Dassel (der die Drei-Königs-Reliquien nach Köln holte) und Philipp von Heinsberg, beide Kanzler Barbarossas; Konrad von Hochstadten (Grundsteinleger für den gotischen Dom, 1248). Doch unter den Bischöfen waren auch fragwürdige Figuren, ohne Bischofs- oder Priesterweihe, die politische und geistliche Macht verquickten. Um ihre bürgerlichen Rechte zu sichern, mußten die Kölner gegen ihre fürstlichen Herrn in den Krieg ziehen und die Erzbischöfe waren nach einer verlorenen Schlacht 1288 gezwungen, jahrhundertelang außerhalb Kölns Hof zu halten. Im 16. Jahrhundert hinderte das katholische Volk mit dem Domkapitel das Bistum daran - gegen Erzbischof Hermann von Wied - lutherisch zu werden.

Im 19. Jahrhundert war Köln ein Hort der Kirche im Kulturkampf und bekam einen hohen Stellenwert im politischen und sozialen Katholizismus. Nach dem letzten Krieg setzte sich Köln mit Kardinal Joseph Frings für den Wiederaufbau von Kirche und Staat ein und Frings hielt den Blick über den eigenen Kirchturm für notwendig. Ohne den üblichen Weg über die vatikanische »Propaganda« gründete er die Städtepartnerschaft mit Tokio - Vorläufer für Hilfswerke wie

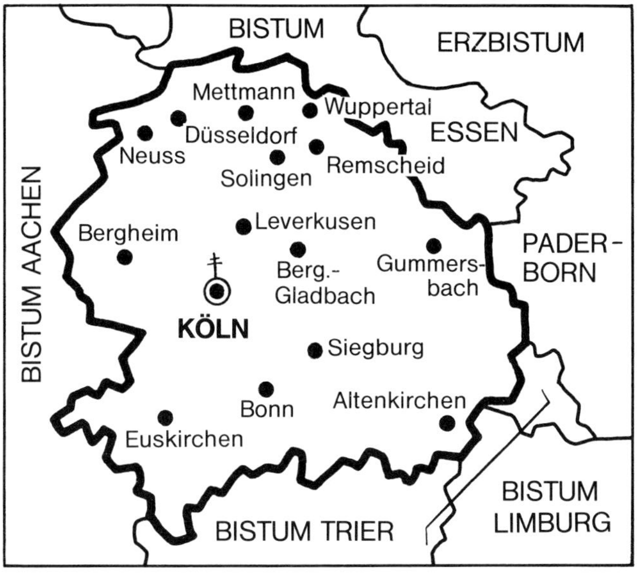

Das Bistum Köln in Zahlen

Größe (qkm):	6181
Einwohner:	5 000 000
davon Katholiken:	2 430 000
Aktive Geistliche:	810
Ordenspriester (insgesamt):	311
Ruhestandsgeistliche:	341
ständige Diakone:	175
Ordensfrauen:	3200
Ordensbrüder (insgesamt):	220

Diözesanpatrone sind die Unbefleckt empfangene Jungfrau Maria und der Hl. Josef.

»Adveniat« und »Misereor«. Laien übernahmen noch vor dem Konzil in »Katholikenräten« Verantwortung und die »Thomas-Morus-Akademie« ist die einzige, die von Laien getragen wird. Aufgrund seiner historischen Verdienste wie als finanzstärkstes deutsches Bistum hat Köln noch immer ein gewichtiges Wort - auch in der Weltkirche - mitzureden.

Bischof:
Dr. Franz Kamphaus

geboren:	02.02.1932
Priesterweihe:	21.02.1959
Bischofsweihe:	13.06.1982

Zeichen setzen durch einen neuen Lebensstil

1981 zitierte Franz Kamphaus, Regens im Münsteraner Priesterseminar und Professor für Pastoraltheologie mit dem Fach »Predigtlehre« in seinem Buch »Leidenschaft für Gott« aus den »Selbstverpflichtungen« einer Gruppe von Bischöfen beim II. Vatikanum. Diese wollten »versuchen, in Wohnung, Nahrung und hinsichtlich der Verkehrsmittel... nicht anders zu leben als der Durchschnitt unserer Bevölkerung«. Sie beabsichtigten unter anderem auch, auf jeden Anschein des

»Ist die Kirche in der Lage, sehr deutlich zu zeigen, wie sie in Sachen ›Brüderlich teilen‹ anders lebt, wie sie eine andere Praxis als andere verwirklicht?«

Evangelizare pauperibus
Den Armen das Evangelium verkünden

Aus dem Limburger Bistumswappen stammt das »Trierer Kreuz« und der Drache. Auf das zugehörige Schwert wurde verzichtet, denn »wenn der Drache getötet wird, dann durch das Kreuz« (Bischof Kamphaus). Der Pflug in einem Feld des Wappens erinnert an die Herkunft des Bischofs von einem Bauernhof. Zugleich wird das biblische Bild von der Verwandlung der Schwerter in Pflugscharen in Erinnerung gerufen. Die Glocke im Nachbarfeld erinnert an die Heimatstadt des Bischofs, Lüdinghausen. Die Glocke ist aber auch Zeichen der Verkündigung. Das »T« im oberen Feld ist das Zeichen des Franz von Assisi. Der Balken im oberen Feld stammt aus dem Wappen des Bistums Münster.

Reichtums und auf tatsächlichen Reichtum zu verzichten und sich dagegen zu verwahren, mit Titeln angeredet zu werden, die Machtfülle bezeichnen.

Daß einer, der solches preist, dessen »Kirchenkarriere« sich auf die Stationen Kaplanszeit in Münster, Professur und Regentschaft im Priesterseminar beschränkt, mit 50 Jahren 1982 Bischof wird, hat viele überrascht; umso mehr, als er sich offenbar weiter an ein gewisses »Verzichtprogramm« hält, von dem nur Freunde wissen, wie weit es geht. Was allen bekannt ist: Er lebt nicht im Bischofspalais, sondern wie eh und je im Priesterseminar; und daß er bei vielen Pastoralbesuchen selbst hinter dem Steuer seines Mittelklassewagens sitzt, läßt sich nicht verheimlichen. Natürlich gibt er nicht vor, »arm« zu sein, es geht ihm um »persönliche Zeichen«. Daß Kamphaus, ein Mann der leisen, wenn auch bestimmten Töne, durch seinen Lebensstil möglicherweise Anstoß gibt, kann und will er sich und anderen nicht ersparen.

Das gesamte erste Jahr seiner Amtszeit hat Kamphaus sich darauf konzentriert, alle hauptamtlich in der Seelsorge Tätigen, die Priester und pastoralen Mitarbeiter, aber auch die Pensionäre und Ordensniederlassungen persönlich zu besuchen. Seine Abwesenheit ist in der Bistumsverwaltung nicht nur auf Begeisterung gestoßen; andererseits dürfte Kamphaus nicht gerade eine große Liebe zur Verwaltung haben, von der er einmal schrieb, es bestehe die Gefahr, sich in der Kirche mit ihr ein Alibi für Reichtümer zu schaffen.

Kamphaus hat bei seiner Besuchsreise in Pfarrhäusern und bei Familien übernachtet, viel zugehört und gesehen. Zu denken gab ihm unter anderem, daß die »bestausgestatteten Räume« fast überall die Pfarrbüros sind: »Da stehen die Leute, in Karteien eingeordnet. Alles ist geregelt, bis zu den Besuchen zum 70., 75. oder 80. Geburtstag. Und wer«, fragt er nachdenklich, »besucht die Zwanzigjährigen?«

Ein anderes Fazit der Besuchsreise: In Städten wie Frankfurt und Wiesbaden, wo allenfalls zehn Prozent der Christen ihren Glauben praktizieren, hat er kaum resignierte Seelsorger gefunden: »Ich sehe, daß es keine vollen Kirchen mehr gibt und daß es keine Glanzzeiten sind, aber die Menschen kommen, es wird auf jeden Fall konstruktiv gearbeitet.«

Wichtig dabei sei, »daß wir von Gott sprechen, daß wir nicht primär Sozialarbeiter sind, daß wir zur Sache kommen«. Um einem der vielen Mißverständnisse, denen er oft ausgesetzt ist, vorzubeugen, fügt er hinzu, daß er damit keineswegs einem »Sakristeichristentum« das Wort rede, denn selbstverständlich habe dies politische Konsequenzen. Man müsse sich jedoch fragen, ob die Kirche nicht oft einfach Sozialeinrichtun-

Weihbischof Gerhard Pieschl

geboren:	23. 01. 1934
Priesterweihe:	08. 12. 1961
Bischofsweihe:	23. 10. 1977

gen unterhält, weil ihr der Staat das Geld dafür gibt. Dabei werde vergessen, zu fragen: Was unterscheidet diese Schule, jenes katholische Krankenhaus von einem beliebigen anderen?
Ob in seinen Schriften, Predigten oder in den beliebten, mit Gedichten und Literatur angereicherten Hirtenbriefen: Immer wieder fragt er nach der Glaubwürdigkeit kirchlichen Handelns; zu oft sieht er Ausflüchte, Kompromisse, statt den Versuch, das Evangelium zu leben. Möglicherweise auch deshalb gelinge es selten, die Jugend zu begeistern. Er allerdings kann dies, beispielsweise beim Düsseldorfer Katholikentag mit einer Rede zum Frieden, oder immer da, wo er für einen alternativen Lebensstil plädiert. Auch hier gibt es die Gefahr des Mißverständnisses und vorschnellen Beifalls, wenn man den Zusatz überhört: »Das Evangelium ist alternativ zu vielem, was sich christlich nennt; wir sind nicht alternativ, weil wir nicht evangeliumsgemäß sind.« Bei der Frankfurter Buchmesse 1982 toste Beifall auf, als er sagte: »Wir müssen nicht nur liberaler werden, sondern radikaler.« Man hängte ihm das Etikett eines »Liberalen« an, doch »das hilft keinen Deut weiter, sondern nur die Entschiedenheit«.
Mit solchem Maßstab mißt er auch politische Aussagen, etwa die von der geistigen Wende. Gewöhnlich mache schon der nächste Satz klar, daß damit die Wirtschaft gemeint ist; damit werde Karl Marx' Meinung recht gegeben, daß das Geld den Glauben bestimmt, fügt er provozierend hinzu. Die Gretchenfrage für unsere Kirche: »Ist sie in der Lage, sehr deutlich zu zeigen, wie sie in Sachen ›Brüderlich teilen‹ anders lebt, wie sie eine andere Praxis als andere verwirklicht?«

Alt-Weihbischof Walther Kampe

geboren:	31.05.1909
Priesterweihe:	08.12.1934
Bischofsweihe:	20.07.1952
Resigniert:	31.05.1984

Mit Aufmerksamkeit, ja Nachdenklichkeit kann Bischof Kamphaus auch dann rechnen, wenn er seine Worte an die Jugend richtet. Er selbst fragt kritisch nach der Glaubwürdigkeit kirchlichen Handelns.

Kamphaus wertet das Engagement vieler Laien als ein Zeichen der Hoffnung - setzt aber aus innerster Überzeugung auf den Priesternachwuchs. Doch damit wieder deutlich wird, daß es faszinierend ist, sich ganz für etwas einzusetzen, müsse manches reformiert werden - auch die Pfarrhäuser, die »verbürgerlicht sind«.
Wie die deutschen Bischöfe Gedanken und Reden ihres Mitbruders (der auch Vorsitzender der deutschen Kommission »Justitia et Pax« ist) zur Friedensfrage schätzen, zeigt sich darin, daß sie ihn in die Vorbereitungskommission für ihr Friedenswort beriefen. Er hat auch Freunde unter »kritischen Katholiken«; deshalb stufte man ihn schnell als »progressiv« ein. Für ihn gilt Respekt vor anderen Ansichten und Argumenten; sie nicht zu achten, verrate eher Ängstlichkeit.
Gleich nach dem Bistum liegt Kamphaus die »Weltkirche« am Herzen - für diese Kommission in der Bischofskonferenz hat er sich freiwillig gemeldet: »Wir müssen den deutschen Provinzialismus überwinden«, je mehr es zu Patenschaften, Austausch, persönlichen Begegnungen kommt, desto mehr »sehen wir, was man von ihnen lernen kann«.
So geduldig Kamphaus alle Fragen beantwortet - über ihn selbst ist wenig zu erfahren. »Die Leute fragen mich oft: Fühlen Sie sich wohl? Aber ich habe keine Zeit, darüber nachzudenken. Ich fühle mich gesund, und ich habe gar kein Bedürfnis, mich so viel mit mir selbst zu beschäftigen.« Aus solchen Sätzen, gesagt ohne jede Koketterie, spricht auch der Bauernsohn, aus dem westfälischen Lüdinghausen, der mehr auf Saat, Wetter und Ernte achtet, als auf seine »Selbstverwirklichung«.

Auf dem Tausendmarkschein hat man ihn abgedruckt, doch die meisten kennen ihn von einem Seitenblick auf der Köln/Frankfurter Autobahn. Imposant ragt der siebentürmige Limburger Dom, geweiht 1235, über die Stadt. Der spätromanisch-frühgotische Bau existierte bis zur Bistumsgründung (1827) als Stiftskirche St. Georg. Im Innenraum beeindrucken die durchlaufende Empore und die wieder freigelegten romanischen Fresken.

Junge Diözese sucht moderne Strukturen

Historisch gesehen ist Limburg ein junges Bistum, auch wenn der Limburger Dom aus dem Jahr 1235 stammt. Als das Bistum 1827 gegründet wurde, ging es der Regierung von Nassau darum, die Kirche unter ihre geistige Aufsicht zu stellen. Schon bald mußten der erste Bischof von Limburg, Jacob Brand und seine Nachfolger feststellen, daß der Herzog von Nassau das Sagen hatte. In die kurze Bistumsgeschichte fallen der Kulturkampf und seine Folgen. Eine bedeutende Gründung war in den zwanziger Jahren die Philosophisch-Theologische Hochschule der Jesuiten, St. Georgen, deren Senior, Professor Oswald von Nell-Breuning, »Nestor der katholischen Soziallehre«, weit über die Diözesangrenzen hinaus bekannt ist. 1949 wurde Wilhelm Kempf Bischof von Limburg; er fand ein Bistum mit zerstörten Kirchen und 100 000 Flüchtlingen vor, das heute auf die Bundesländer Hessen und Rheinland-Pfalz verteilt ist. Unter ihm wurde Limburg zu einer modernen Diözese organisiert, die sich auf den Ballungs-

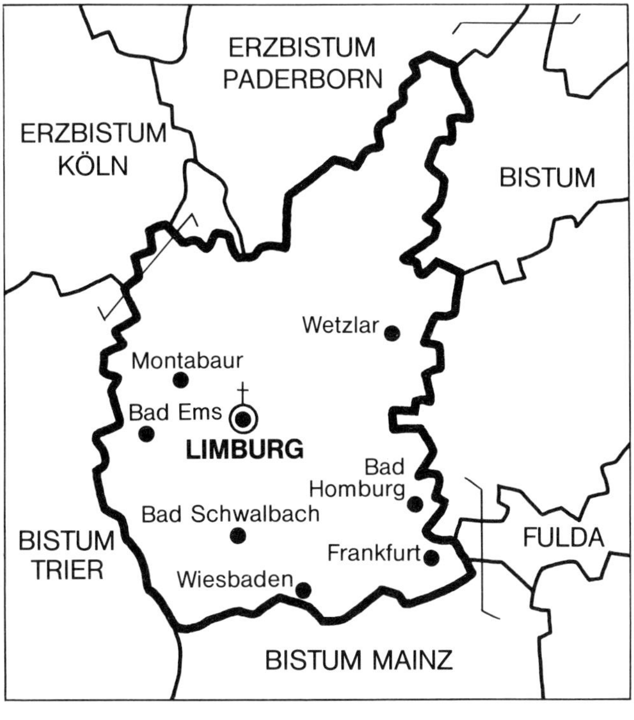

Das Bistum Limburg in Zahlen

Einwohnerzahl:	ca. 2 500 000
davon Katholiken:	800 706
Pfarreien:	279
Pfarrvikarien:	53
Pfarrer (inkardiniert):	222
Pfarrer (nicht inkardiniert):	4
Pfarrer in anderen hauptamtlichen Funktionen:	56
Pastoral- und Gemeindereferenten:	232
Ordensfrauen (mit Profeß):	1 381
Ordenspriester:	223
Ordensbrüder:	134
Diözesanpatron: Sankt Georg	

raum Rhein/Main ebenso wie auf die Diaspora-Situation im Nordosten einzustellen hatte. Bischof Kempf schuf synodale Strukturen, die einer nachkonziliaren Kirche gerecht werden sollten. Er hatte in seinem Diözesan-Synodalrat ein Beratungsgremium, das er wünschte, wollte und ernst nahm. Im 150. Jubiläumsjahr des Bistums wurde die neue synodale Struktur endlich von einer Diözesan-Synode verabschiedet. Was Kempf der Diözese geben wollte und gab, drückt sich im Motto zum Bistums-Jubiläum 1977 aus: »Unser gemeinsamer Weg.« Diesen Weg sucht auch Nachfolger Franz Kamphaus mit dem Projekt »Pastoral nach 1985«. Damit soll in einem gemeinsamen Prozess des Nachdenkens und Beratens möglichst vieler Menschen die Entscheidungsgrundlage für künftige Seelsorge verbessert werden. »Ihre Erfahrungen und Meinungen sind für unsere gemeinsame Zukunft wichtig«, schrieb Kamphaus an alle Gläubigen.
Limburg ist nicht nur ein neues Bistum, sondern auch eines, das besonders mutig andere und neue Wege zeitgemäßer Seelsorge sucht und geht.

Bischof:
Dr. Dr. Karl Lehmann

geboren: 16.05.1936
Priesterweihe: 10.10.1963
Bischofsweihe: 02.10.1983
Vorsitzender der Deutschen Bischofskonferenz

Ein Theologe ohne Angst vor heißen Eisen

»Man muß aufrütteln und Bewußtsein vermitteln. Wir müssen rausgehen an die Hecken und Zäune, zum Beispiel Hausbesuche in den Neubauvierteln machen. Wir müssen viel missionarischer sein«, sagte Bischof Karl Lehmann in einem Gespräch wenige Monate nach der Bischofsweihe. Aus solchen Worten spricht der Oberhirte – weniger der doppelt promovierte Theologieprofessor, der 1936 in Sigmaringen geboren wurde, in Freiburg, Rom (Germanikum), Münster und

»Der Bankdirektor, der sich nicht zu schade ist, im Verwaltungsrat seiner Pfarrgemeinde mitzumachen; die vielen Laien, die sehen, wie viel sie in der Kirche tun können: das macht mir Mut.«

State in fide
Steht fest im Glauben!

Das Wappen von Bischof Lehmann ist in seiner Grundgestalt als Wappen der Mainzer Bischöfe vorgegeben: Das Mainzer Rad (silbern auf rotem Grund) und der Wormser Schlüssel, umrahmt von Kreuzen (silbern auf schwarzem Grund) werden ergänzt durch ein persönliches Kennzeichen auf dem Mittelschild. Lehmann wählte ein offenes Buch (rot auf goldenem Grund) mit silbernem Christuszeichen: Alpha et Omega. Dieses Buch symbolisiert Christus, das Wort Gottes, der über dem Marktportal des Mainzer Doms als Weltenrichter mit dem aufgeschlagenen Buch thront. Es erinnert zugleich an Mainz, die Stadt Gutenbergs und an die bisherige Lehrtätigkeit des Dogmatikprofessors Karl Lehmann.

München Theologie studierte und Assistent bei Karl Rahner war; er gilt als einer der bedeutendsten Schüler des großen Jesuiten. Mit 32 Jahren schon wurde Lehmann als ordentlicher Professor für Systematische Theologie an die Universität Mainz berufen, und war seither Mitarbeiter in vielen kirchlichen Gremien.

In Mainz herrschte 1983 eitel Freude über die Ernennung des Freiburger Ordinarius für Dogmatik und ökumenische Theologie als Nachfolger von Kardinal Hermann Volk. Man wußte, daß der renommierte Theologe kein entrückter Wissenschaftler ist. Brennende Fragen wie Geschiedenenpastoral, Weihe verheirateter Männer zu Priestern, Ökumene sind für ihn nicht tabu und können mit ihm vielleicht kontrovers, aber frei und realistisch erörtert werden.

Theologische, wissenschaftliche Eignung, politischer (nicht parteipolitischer) Instinkt, unzweifelhafte Führungsqualitäten werden Lehmann zugesprochen: dies ist das Holz, aus dem auch Vorsitzende von Bischofskonferenzen geschnitzt sind (Lehmann ist seit 1987 Vorsitzender der Bischofskonferenz), doch macht das alles noch keinen Oberhirten. So hat manch ein Bruder im Amt in den ersten Wochen nach Lehmanns Ernennung 1983 genau zugesehen, ob der brilliante Wissenschaftler nicht nur lernt, Altäre und Kirchen zu weihen, wie es sich gehört, sondern auch ordentlich für Leib und Seele der Menschen im Bistum sorgen kann. Lehmann freilich hat schon als Professor in Freiburg immer in einer Gemeinde gearbeitet und Zeit für pastorale Gespräche gehabt. Er weiß, daß er trotz aller Briefantworten und Einzelgespräche - nicht »Oberseelsorger« der Diözese sein kann und will. Programmatisches ist auch ohne Programm erkennbar: Um sich nicht »in unseren unendlich vielen Aktivitäten zu verzetteln«, wünscht er langfristige Beschäftigung mit Themen. Warum, beispielsweise, könne sich das Bistum nicht ein Jahr lang - in allen Bereichen der Seelsorge und Bildung - etwa mit der Frage »Ehe ohne Trauschein« beschäftigen? Dringend notwendig erscheint ihm Priesterfortbildung; dazu gehöre auch, daß gelernt wird, wie man Hausbesuche macht oder in der Eheberatung arbeitet.

Viele Laien arbeiten im Mainzer Bistum im pastoralen Dienst. Lehmann sieht die Nöte klar, wenn einem Seelsorger, der zwanzig Jahre allein war, ein Laie zur Seite gestellt wird; doch auch die haben es nicht immer einfach, über den eigenen Schatten zu springen. Sorgen macht sich Lehmann über die vielen jungen Leute, die in den Bewerberkreis für Pastoralreferenten eingeschrieben sind - höchstens fünf pro Jahr wird die Diözese voraussichtlich einstellen können. Diese Genera-

Weihbischof Wolfgang Rolly

geboren:	25.11.1927
Priesterweihe:	28.02.1953
Bischofsweihe:	02.07.1972

tion von Laientheologen sei eine originäre, sagt Lehmann, und keine von »verhinderten Priestern«.
Die Weltverantwortung der Gemeinden müsse auch bei den Schulen anfangen - doch ebenso gehöre ein vernünftiges Verhältnis zu den Betrieben dazu. Er steht zu seiner - kritisierten - Äußerung, daß man nicht nach Lourdes fahren solle, so lange man die Betriebe in der eigenen Pfarrei nicht kennt.
Konflikte in und mit der Kirche? Oft »ziehen wir uns vor fälligen Auseinandersetzungen zurück«, beispielsweise in Fragen der Ökologie. Manchmal habe auch der lebendige, aber traditionell denkende Gemeindekern wenig Verständnis dafür, daß »der Pfarrer auch für die da ist, die nicht da sind«.
Ihn bedrückt nicht nur die Frage der Priester, die auf ihre Laisierung warten, sondern - wie Kardinal Döpfner, dessen Konzilsring er trägt - die der wiederverheirateten Geschiedenen. »Diese Fragen kommen weder theoretisch noch praktisch zur Ruhe.« Dennoch ist er wohl richtig interpretiert, wenn er Lösungen noch nicht in Sicht sieht: »In einer Zeit, wo im Zusammenhang mit der Ehe Grundlagen von unaufgebbarer Treue so sehr ins Wanken gekommen sind, verstehe ich, daß die Kirche alles tun muß, um die Fundamente zu festigen.« Ausnahmeregelungen - wie sie derzeit heiß ersehnt sind - würden wohl erst bei gefestigten Grundlagen richtig verstanden werden können. Viele hoffen auf ökumenische Aktivitäten Lehmanns. Der engagierte Ökumeniker bremst: Als Bischof ist er einer von dreitausend, er wird - auch in Rom - nicht mehr mit der Freiheit und Legitimation des Wissenschaftlers sprechen können wie früher.
Zum Lesen hat er, dessen Liste von eigenen Veröffentlichungen lang ist, keine Zeit; doch informiert er sich über Mainzer

Weihbischof Dr. Franziskus Eisenbach

geboren:	01.05.1943
Priesterweihe:	30.07.1967
Bischofsweihe:	24.04.1988

Bischof Karl Lehmann im Gespräch mit Opel-Arbeitern in Rüsselsheim. Solche Begegnungen gehören heute zum Pflichtprogramm eines Bischofs. Sie führen näher an die Sorgen und Hoffnungen der Menschen heran als spektakuläre Diskussionen.

Lokalgeschichte und romanische Kunst; und einen Habermas, Luhmann oder Gadamer würde er sich »natürlich« nie entgehen lassen. Als Pennäler haben ihn Guardini, dann Rahner und Heidegger fasziniert. ... Sein Blick zu den ihn umgebenen Bücher-Wänden, die jedem Dogmatik-Seminar zur Zierde gereichen würden, ist nicht nostalgisch; eher läßt er ahnen, daß Lehmann auf Dauer kaum von der wissenschaftlich betriebenen Theologie lassen wird.

»Der Bankdirektor, der sich nicht zu schade ist, im Verwaltungsrat seiner Pfarrgemeinde mitzumachen, die vielen Laien, die sehen, wieviel sie in der Kirche tun können« - das macht ihm Mut. Allein wegen dieses Aufbruchs der Laien »wurde das Zweite Vatikanische Konzil gerechtfertigt«.

Was er verabscheut? »Kleingeist, Engstirnigkeit, Verkrampftheit, wenn sich die Leute im Gespräch verschließen. . .« Die Aufzählung geschieht mit Nachdruck, als hätte der an den Duft der Freiheit der Wissenschaft gewohnte Lehmann als Bischof damit schon Bekanntschaft machen müssen. Ob Langlauf oder die Werkbank im Keller solches kompensieren? Schließlich hätte er »auch Schreiner werden können«.

Der sechstürmige Mainzer Dom, im 12./13. Jahrhundert romanisch erbaut (Grundsteinlegung im Jahre 975 durch Erzbischof Willigis), ist ein Spiegel abendländischer Geschichte. Er wurde im 14./15. Jahrhundert gotisch erweitert und überbaut, mit einem Ostchor (Kaiserchor) und einem Westchor (Priesterchor) ausgestattet. Schon im vierten Jahrhundert stand hier ein frühchristliches Gotteshaus. 746 übernahm Bonifatius das Bistum Mainz und machte es zur Metropole nördlich der Alpen.

Kirche rund um das »Mainzer Rad«

Mainz zählt zu den kleineren, der Geschichte nach aber zu den bedeutendsten deutschen Bistümern. Schon 200 Jahre nach Christus brachten römische Soldaten das Christentum an den Rhein. Die Namen von Blutzeugen aus der Frühzeit sind überliefert: Im dritten Jahrhundert verhungerte Ferrutius im Kerker in Mainz-Kastell; 406 wurde der Priester Alban um seines Glaubens willen geköpft; und Bischof Areus wurde in einer Kirche erschlagen. Mit dem heiligen Bonifatius, der 747 den Mainzer Bischofsstuhl bestieg, begann die glanzvolle Zeit des Bistums; im gleichen Jahr erließ Papst Zacharias ein Edikt, wonach »die Kirche von Mainz an Bonifatius und seine Nachfolger für ewige Zeiten als Metropolitankirche übertragen werde«. Dazu sollte Mainz die Städte Tongern, Köln, Worms, Speyer, Utrecht »sowie alle Völker Germaniens, wel-

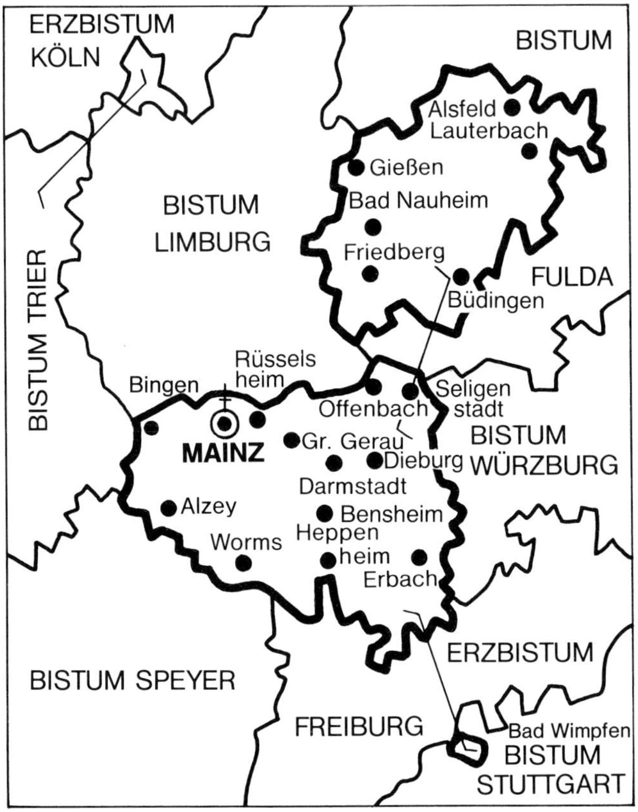

Das Bistum Mainz in Zahlen

Größe (qkm):	7692
Einwohnerzahl:	2360000
davon Katholiken:	850000
Aktive Geistliche:	460
davon Ordenspriester:	46
Ruhestandsgeistliche:	145
ständige Diakone:	75
davon hauptamtlich:	48
nebenamtlich:	16
im Ruhestand:	11
Ordensfrauen:	762
Ordensmänner:	112
Laien im pastoralen Dienst	334
davon Pastoralassistentinnen/en, -referentinnen/en	79
Gemeindeassistentinnen/en, -referentinnen/en	180
Katechetinnen/en	56
in Gemeinden anderer Muttersprache	19
Diözesanpatron: Hl. Martin von Tours	

che durch Bonifatius bekehrt sind, unter sich haben.« Mainz wurde für mehr als ein Jahrtausend Metropole. Suffraganbistümer waren - neben den früh untergegangenen Diözesen Erfurt und Buraburg - Konstanz, Augsburg, Speyer, Worms, Paderborn, Hildesheim, Chur, Würzburg, Eichstätt, Straßburg; bis 1344 Prag und Ölmütz, bis 1648 Halberstadt und Verden, und seit 1752 Fulda. Schwere Rückschläge, von denen sie sich nie erholte, erlitt die Diözese durch die Glaubensspaltung im 16. Jahrhundert. Als nach der Französischen Revolution französische Truppen die linke Rheinseite besetzten, brachen Erzbistum und Erzstift Mainz endgültig zusammen. An die großen Zeiten erinnern der Dom und das »Mainzer Rad«, das nach einer Legende auf Willigis zurückführt, der ein Wagnersohn gewesen sein soll.

Die Gründung der Oberrheinischen Kirchenprovinz 1821 war ein Neuanfang. Heute umfaßt die Diözese Teile von Hessen, Rheinland-Pfalz und die Enklave Bad Wimpfen in Württemberg, ein Kuriosum. Das soziale Engagement des Bistums, das den heiligen Martin zum Patron hat, erstreckt sich nicht nur auf zahlreiche Initiativen für Arbeitslose und caritative Einrichtungen, es hat auch Tradition: Weit über die Grenzen hinaus wurde Sozialbischof Wilhelm Emanuel Ketteler bekannt (in Mainz fand auch 1848 der erste Katholikentag statt). Die Sozialstruktur ist gemischt - wodurch sich weniger Spannungen ergeben als anderswo.

**Erzbischof:
Dr. Friedrich Kardinal Wetter**

geboren: 20.02.1928
Priesterweihe: 10.10.1953
Bischofsweihe: 29.06.1968
Vorsitzender der Kommission für Glaubensfragen

Ein Mann der Mitte für die Weltstadt mit Herz

In das völlig zerstrittene Münchner Bistum gehöre ein Oberhirte, der Ordnung schafft, mit eisernem Besen kehrt, forderten die einen - er müsse die Kirche mehr zur Welt öffnen, meinten die anderen. Und dann kam im Oktober 1982 aus Speyer Bischof Friedrich Wetter (1985 zum Kardinal erhoben): ein »stiller Typ«, »redet mit den Leuten wie ein Pfarrer, bloß ein bißerl netter«, »überlegt, denkt nach, wägt die Worte lange ab«, »spricht langsam, zu langsam«, »setzt bei der Schlichtung von Konflikten lieber auf geduldiges Warten«,

»Zu fragen ist, ob wir bei aller positiven Einstellung zur Technik den technischen und wirtschaftlichen Fortschritt nicht zu teuer bezahlen.«

Pax vobis
Der Friede sei mit Euch

Der Mohrenkopf ist der »Freisinger Mohr«, Wappen des Fürstentums Freising, zugleich das Wappen des 1817 neueingerichteten Erzbistums München-Freising. Die Feuerflammen erinnern an die »Zungen wie von Feuer«, sie sind Zeichen des Heiligen Geistes. Die Dreizahl der Flammen erinnert an die Dreifaltigkeit. Der Mohr, silbern mit roter Krone auf goldenem Grund, die Flammen gold auf rotem Grund. Rot deutet auf die Liebe Gottes, Gold auf die Majestät Gottes hin.

»Provinzbischof und Mann der Mitte«. Und eine Zeitungsüberschrift hieß: »Wetter: freundlich, heiter und beständig«. Hatte man nach Kardinal Joseph Ratzinger auf diesen Mann gewartet?
Inzwischen, nach einiger Zeit im Amt, ist manchmal zu hören, daß gerade hier einer am Platz ist, der Seelsorger, »erster Pfarrer des Bistums« sein will; der seinen Wahlspruch »Pax vobis« – »der Friede sei mit Euch« ernst nimmt. Es soll ruhiger geworden sein im Bistum, seit der Bischof »bei Problemen zuerst mit dem Pfarrer spricht«. Dieser Stil, sagt Wetter, sei für ihn schon in Speyer üblich gewesen. Man müsse zwar Irrwege beim Namen nennen, aber: »Mit Verurteilungen schafft man die Probleme nicht aus der Welt.« Viel spricht dafür, daß diese Haltung Wetters, als er Vorsitzender der bischöflichen Kommission Kultur und Wissenschaft war, den befürchteten Eklat zwischen der Katholischen Bischofskonferenz und der AGG, dem seit eh und je schwierigen Zusammenschluß der Studentengemeinden, verhindert hat.
Die Jugend liegt dem »Friedel«, wie ihn Freunde nennen, besonders am Herzen, und bei Gesprächen mit ihr sei er immer wieder »erstaunt, wieviel dahintersteckt«, wenn man ihm »dezidiert, aber mit Anstand« Ansichten vorträgt. Die Wertschätzung der Kontakte zu jungen Menschen mag auch aus seiner langjährigen Professorenzeit herrühren.
Dem 1928 in Landau (Pfalz) geborenen Eisenbahnersohn schien eigentlich eine Wissenschaftskarriere vorgezeichnet. Beim Philosophiestudium nach dem Krieg in St. Georgen (Frankfurt) wurde der Speyerer Bischof Josef Wendel (später Kardinal in München) auf ihn aufmerksam und schickte ihn zu Studien an die Gregoriana nach Rom. Er wurde im berühmten Kolleg Germanicum aufgenommen, in Rom 1953 zum Priester geweiht, promovierte dort 1956 und war dann zwei Jahre Kaplan in Speyer.
Doch schon bald lehrte er im Priesterseminar und wurde 1961 für Studien in München beurlaubt. Nach der Habilitation bei Michael Schmaus, der Wetter einmal einen »schlauen Kopf« nannte, begann die Lehrtätigkeit: München, Eichstätt, Mainz. 1968 wurde er überraschend Bischof von Speyer. Den Gelehrten könne er auch als Oberhirte nicht verleugnen, sagen manche. Und im Gespräch fällt auf, wieviel Wert er darauf legt, »daß die Seelsorge mehr von der Theologie befruchtet wird«; Theologie müsse aber auch einen Beitrag fürs praktische Leben leisten, wie er es etwa vom neuen Erwachsenenkatechismus erhofft. Der Dogmatiker Wetter wurde auch nicht von ungefähr 1982 Vorsitzender der bischöflichen Glaubenskommission.

Weihbischof Heinrich Graf von Soden-Fraunhofen

geboren:	06. 11. 1920
Priesterweihe:	29. 06. 1951
Bischofsweihe:	18. 03. 1972

Weihbischof Franz Schwarzenböck

geboren:	24. 07. 1923
Priesterweihe:	29. 06. 1951
Bischofsweihe:	18. 03. 1972

Was die bistumsspezifischen Probleme angeht, macht er sich nichts vor: Priestermangel; unterschiedliche Sozialstruktur der Regionen; das »zwiespältige Gepräge Münchens«; traditionelle Katholizität, die gefährdet ist, wenn hinter ihr kein persönlich bejahter Glaube steht.
Ein Thema, auf das er auch in Predigten oft zurückkommt, ist die Frage, »ob wir bei aller positiven Einstellung zur Technik... den technischen und wirtschaftlichen Fortschritt nicht zu teuer bezahlen«. Dazu komme die Vereinsamung - bedingt durch den subjektivistischen, individualistischen Grundtenor unserer Gesellschaft. Schlimm seien auch die Probleme der Familien: Hier müsse die Kirche dem Familienbild der Gesellschaft gegensteuern.
Dennoch ist Wetter ein erstaunlicher Optimist. Sätze wie »Ich bin der Überzeugung, daß im Menschen viel Gutes steckt«, oder: »Ich meine, daß viele Leute das (Wort der Kirche) hören«, klingen selbstverständlich. Doch er weiß auch, nicht erst seit einer Reise nach Ecuador (»wo ich die Ohren aufgemacht habe«), daß wir hier oft »zu müde und zu schwer sind. Wir müssen Ballast abwerfen.« Auch die Kirche gebe nach außen hin nicht immer das Bild ab, das den von ihr vertretenen Lebensstil deutlich mache.

Weihbischof Engelbert Siebler

geboren:	29.05.1937
Priesterweihe:	29.06.1963
Bischofsweihe:	20.04.1986

Weihbischof Matthias Defregger

geboren:	18.02.1915
Priesterweihe:	29.06.1949
Bischofsweihe:	14.09.1968

Der immer heiter wirkende Münchner Kardinal Friedrich Wetter übergibt nach einem gelungenen Katholikentag 1984 die Trägerschaft für den Katholikentag 1986 an den Aachener Bischof Klaus Hemmerle.

Kann der sanftmütige Wetter auch »wettern«? Antwort: »Ich kann auch mal schimpfen, wenn die Grenzen überschritten sind.« Auch seine »stille Härte« ist nicht zu unterschätzen. Das kann zum Beispiel einen CDU-Politiker bei der Ausländerfrage treffen, oder einen Unternehmer, der Arbeiter entläßt. Sicher ist aber auch, daß Wetter Experimente nicht besonders liebt – wie es etwa sein Veto beim ökumenischen Abendmahlsgottesdienst zum Münchner Katholikentag 1984 zeigte.

Ob sich der bescheidene Priester, der bei Firmreisen lieber mit der Gemeinde als mit den Honoratioren im Hotel nebenan ißt, im »goldenen Käfig« seines Palais wohl fühlt? Doch über ihn und seine Gefühle ist nicht leicht reden; immerhin gesteht er eine Vorliebe fürs Spinett und Spaziergänge im Englischen Garten ein. Der Mangel an Freizeit ist ihm kein Manko.

Und was würde er gern ändern? »Den kirchlichen Apparat reduzieren, er ist schwerfällig«: ein verständlicher Stoßseufzer.

Mariensäule (1638) und die Türme der Frauenkirche gelten als Wahrzeichen Münchens. Die heutige spätgotische Backsteinkirche wurde von 1486 bis 1488 gebaut und hatte den Status einer einfachen Pfarrkirche. Erst 1821, als das Erzbistum München und Freising gegründet wurde, wurde der Dom »Unseren Lieben Frau« Bischofskirche. Während des Krieges 1944/45 wurde die Innenausstattung zum größten Teil zerstört.

Großstadtprobleme - auch auf dem Land

Jahrhundertelang - seit der Neuordnung der bayerischen Kirche durch Bonifatius um 739 - war Freising Bischofssitz; dort hat man es bis heute nicht verwunden, daß 1818 bis 1821 aufgrund des Konkordats (1817) das Bistum München errichtet wurde: aus dem Gebiet des vormaligen Bistums Freising (ohne den östereichischen Besitz), des aufgehobenen Bistums Chiemsee, der Propstei Berchtesgaden und dem in Bayern gelegenen Teil des Erzbistums Salzburg. Heute ist die Erzdiözese München und Freising fast flächendeckend identisch mit dem Regierungsbezirk Oberbayern. Das Bistum Freising jedenfalls war bei der Stadtgründung von München (1158) immerhin schon 400 Jahre alt; irische Missionare, vor allem der heutige Bistumspatron Korbinian, hatten hier missioniert - nach der frühen Christianisierung zur Römerzeit.
Die Millionenstadt München, ein Ballungsraum von ungeheuerer Anziehungskraft, geistige Metropole seit dem letzten Jahrhundert und heute auch wirtschaftlicher Mittelpunkt, ist mit ihrem Klima, das es der Kirche nie leicht gemacht hat, eine eigene Seelsorgeregion; dazu gibt es die Region Nord mit agrarischer Struktur, wo jene Menschen leben, die Ludwig

Das Bistum München in Zahlen

Größe (qkm):	12000
Einwohnerzahl:	2900000
davon Katholiken:	2150000
Aktive Geistliche:	995
(davon Ordenspriester):	194
Ordenspriester:	429
Ruhestandsgeistliche:	404
ständige Diakone:	102
Ordensfrauen:	4728
Ordensbrüder:	183
Diözesanpatron: Hl. Korbinian	

Thoma die Vorlagen für seine herben Romanfiguren geliefert haben und die Region Süd, die geprägt ist vom Fremdenverkehr. In diesen beiden Regionen besucht etwa ein Drittel der Bewohner regelmäßig den Gottesdienst, während das Pendel in München selbst je nach Wohngebiet zwischen 40 und sechs Prozent ausschlägt. Um der Unüberschaubarkeit und der unterschiedlichen Problematik Rechnung zu tragen, hat Kardinal Julius Döpfner je eigens zuständige Regionalbischöfe ernannt. Um dem Priestermangel zu begegnen - München bildet das Schlußlicht unter den Diözesen beim Priesternachwuchs - hat die Bistumsleitung Pfarrverbände eingerichtet. Einer der Vorteile: Das Engagement der Laien kommt stärker zum Tragen, wenn ein Priester am Ort fehlt. Bei allen ortsspezifischen Sorgen sind volkskirchliche Elemente bis heute nicht verdrängt worden und nach außen hin ist Bayern wohl nach wie vor eines der festesfreudigsten Gebiete - wo kirchliche und weltliche Feier nach wie vor zusammengehören.

Bischof:
Dr. Reinhard Lettmann

geboren:	09.03.1933
Priesterweihe:	21.02.1959
Bischofsweihe:	24.02.1973

Für den Chef ist Teamarbeit kein Fremdwort

»Ein blitzendes Wort – und schon hat man was kaputtgemacht.«

Was tut der Bischof am liebsten? »Am liebsten bin ich unterwegs als eine Art Pastor im Bistum.« Und was mag er am wenigsten? »Überflüssige Sitzungen.« Die Antwort kommt spontan. Es ist nur logisch, wenn Bischof Reinhard Lettmann es schätzt, daß die Tagungen und Sitzungen der »Räte« beschränkt werden konnten »auf das Maß dessen, was nötig ist«. – »Man merkt sehr bald, in den Sitzungen sitzt man immer mit denselben Kreisen zusammen.« Und davon hält der

Christo tuo
venienti occurrentes
Laßt uns dem kommenden Christus entgegeneilen

Grundlage des Wappens ist das Bistumswappen: ein roter Balken auf goldenem Grund. Im Inneren ein aufgelegter Siegeskranz, der mit einem dunklen Grün eingefärbt ist, ebenso das Christusmonogramm innerhalb des Siegeskranzes. Das Alpha und das Omega sind in Schwarz gehalten. Das innere Feld des Kreises innerhalb des Siegeskranzes ist weiß geblieben. Der Siegeskranz, entnommen einer Darstellung an einem Sarkophag in der Villa Hügel, Essen, verdeutlicht den Wappenspruch.

Weihbischof Heinz Janssen

geboren:	13.10.1932
Priesterweihe:	02.02.1961
Bischofsweihe:	21.09.1986

Weihbischof Dr. Max Georg Frhr. v. Twickel

geboren:	22.08.1926
Priesterweihe:	06.08.1952
Bischofsweihe:	24.02.1973

1933 geborene Sohn eines Schreiners im Bergbau aus Datteln (Westfalen) nicht viel.

Lettmann tut sich in Münster leichter als einer, der in ein Bistum »importiert« wird. Er verließ die Diözese nur zeitweilig: zum Studium des Kirchenrechts in Rom (geschickt von Bischof Michael Keller, weil man dafür »jemanden mit seelsorglichem Gespür braucht«), zum Konzil (mit Bischof Höffner), wo er seine Fähigkeit, lateinisch zu stenografieren, nutzte. Ansonsten blieb er im Lande: 1967 Domkapitular (unter den Bischöfen Höffner und Tenhumberg), 1973 Weihbischof, nach dem Tod Tenhumbergs Kapitularvikar.

Zu seiner Arbeit im Bistum sagt Lettmann: »Den Schwerpunkt haben wir an die Basis gelegt.« Mit »wir« ist die wohl einmalige Situation dessen angedeutet, was man fast als Münsteraner Bischofskonferenz bezeichnen könnte. Dafür nehmen sich alle Weihbischöfe gemeinsam mit ihrem Bischof jeden Freitag Zeit. »Wir tun in Kollegialität unsere Arbeit«, sagt Lettmann. Fünf Weihbischöfe und ein Bischof, der nichts mehr verabscheut als überflüssige Sitzungen, da muß wohl etwas herauskommen, was sich mit dem unschönen Wort »Basiskontakt« bezeichnen ließe.

»Basiskontakt« heißt vor allem, daß der Bischof selbst mit den Menschen reden möchte, ihnen zuhören. Daß dies nicht nur eine Höflichkeitsgeste ist, erweist sich, wenn er sich noch an Einzelheiten aus einem Gespräch erinnert, das drei Jahre zurückliegt: eine Erfahrung, die dem jeweiligen Gesprächspartner das Gefühl gibt, ernst genommen zu werden. Er möchte sie alle kennen, die Priester, die verantwortlichen Laien – und auch die ohne Ämter.

Wie gut er die Situation kennt, zeigt, daß er sich keine Illusionen macht über das angeblich so katholische Münsterland. Zum Bistum gehöre schließlich auch Wilhelmshaven und die norddeutsche Diaspora, sagt der Bischof: Dort liege die Zahl jener, die bei Religionszugehörigkeit »Sonstige« eintragen, doppelt so hoch wie die der Katholiken; aber zum Bistum gehöre auch eine Gemeinde mit 350 Mitgliedern und einem Kirchenbesuch von 105 Prozent: Gäste aus Nachbargemeinden mitgerechnet.

Der Bischof macht sich Sorgen über jene, die vom Land, aus katholischem Milieu, in die Stadt ziehen. Werden sie dort, wie es in der Heiligen Schrift heißt, das Wort Gottes verkünden? Werden sie mehr als defensive Christen sein?

Lettmann weiß nur zu gut, daß Jugendliche aus katholischem Milieu sich mit ihrem Aufbegehren gegen die Eltern auch gegen die Kirche wenden. In anderen Gebieten, wo praktisch

keinerlei katholische Tradition mehr lebt, gebe es dagegen »echte Konversionen« unter jungen Leuten.
Was ist zu tun in dieser Situation? »Verlebendigung der Gemeinden« ist ein wiederkehrendes Wort; Christsein nicht nur aufgrund von Beispiel und Autorität; Christsein aufgrund von Einsicht und Entscheidung. Bischof Lettmann zitiert ein Bild, das einer der Wüstenväter gebrauchte: Mit dem Leben ist es wie mit einem Hund, der einem Hasen nachläuft. Viele schließen sich an, aber nur wer den Hasen sieht, wird durchhalten. »Sorge tragen, daß viele den Hasen sehen«, das müsse die Kirche. Es gehe um ihr glaubwürdiges, sichtbares Zeugnis.
Wie geht Bischof Lettmann mit Konflikten um - auch in der Kirche? Bekannt ist, daß er seinerzeit vor »Pressionen und polemischen Äußerungen« im »Fall Küng« warnte. Dabei ist er geblieben: »Mit Polemik kann man nicht mehr zusammenkommen.« Und: »Man muß auf die Anliegen kommen.« Er spricht ebensowenig boshaft über einen Kaplan aus seiner Diözese in der »Initiative Kirche von unten« wie dieser über ihn. »Ein blitzendes Wort - und dann hat man was kaputtgemacht« - und das will er keinesfalls. Förderlich bei Konflikten sind persönliche Gespräche: »Seelsorge mit Gesicht« betreiben - das gehe eben nur, wenn man sich sieht.
Bischof Lettmann schätzt die Pastoralreferenten und Diakone; gut 180 sollen es irgendwann einmal sein - nur nicht über

Weihbischof Alfons Demming

geboren:	29.02.1928
Priesterweihe:	21.12.1953
Bischofsweihe:	09.01.1977

Weihbischof Friedrich Ostermann

geboren:	21.06.1932
Priesterweihe:	11.02.1958
Bischofsweihe:	13.09.1981

Weihbischof Dr. Josef Voß

geboren:	09.03.1937
Priesterweihe:	10.10.1964
Bischofsweihe:	24.04.1988

Das Bild zeigt Bischof Lettmann mit dem Dreispringer Peter Bouschen (rechts) und dem finnischen Stabhochspringer Pallonen.

Nacht, damit eine vernünftige Altersstruktur erhalten bleibt. Keinesfalls solle damit dem Priestermangel entgegengesteuert werden - »dann wären die ja nur Lückenbüßer«. Pastoralreferenten sollen eine eigene Fachausbildung haben und damit ein eigenes Selbstverständnis - auch dem Priester gegenüber.

Bischof Lettmann war, als er Bischof wurde, mit 46 Jahren der Benjamin der Bischofskonferenz. Man möchte annehmen, daß es gut zur Münsteraner Diözese paßt, einen so sehr mit der Diözese verwurzelten »Erben« zum Bischof zu haben. Doch wurde die Kandidatenliste, aus der er gewählt wurde, nicht nur vom Domkapitel erstellt. Auch Vorschläge von Geistlichen, Laien und kirchlichen Gremien waren berücksichtigt worden. Ein Bischof also aus dem Volk.

Der Münsteraner Dom gehört zu den schönsten Sakralbauten Westfalens. Zwischen 1225 und 1265 wurde er in der Zeit des Übergangs vom romanischen zum gotischen Stil erbaut. Charakteristisch für die Südseite ist die Vorhalle (Paradies) mit monumentalen Apostelfiguren, die Vorhalle der Westseite krönen gekreuzte Dreiecksgiebel. Im Innern des Domes, der im letzten Krieg stark beschädigt wurde, befindet sich auch das Grab des »Löwen von Münster«, Kardinal von Galen.

Traditionsgetreu wie der »Löwe von Münster«

Karl der Große schickte, als er 792 das Bistum Münster errichtete, den in Utrecht und York gebildeten Friesen Liudger ins Münsterland. Er schuf Höfe und Strukturen, die bis heute erhalten sind. Aus den Krisen von Reformation, Aufklärung, Kulturkampf und Nazizeit gingen das Bistum und seine selbstbewußten Katholiken stets gestärkt hervor. Die Gegenreformation, in der unter Fürstbischof Ferdinand von Bayern ein volksnaher Klerus ausgebildet wurde, hinterließ durch eine neue, von Kreuzverehrung geprägte Volksfrömmigkeit Spuren: sieben der fünfzehn Wallfahrtsorte sind dem Heiligen Kreuz, sechs der Mutter Gottes gewidmet.
Auch die Reaktion auf materielle Entmachtung (1803) war Vertiefung der Frömmigkeit. Die Folge: Das Volk stand im

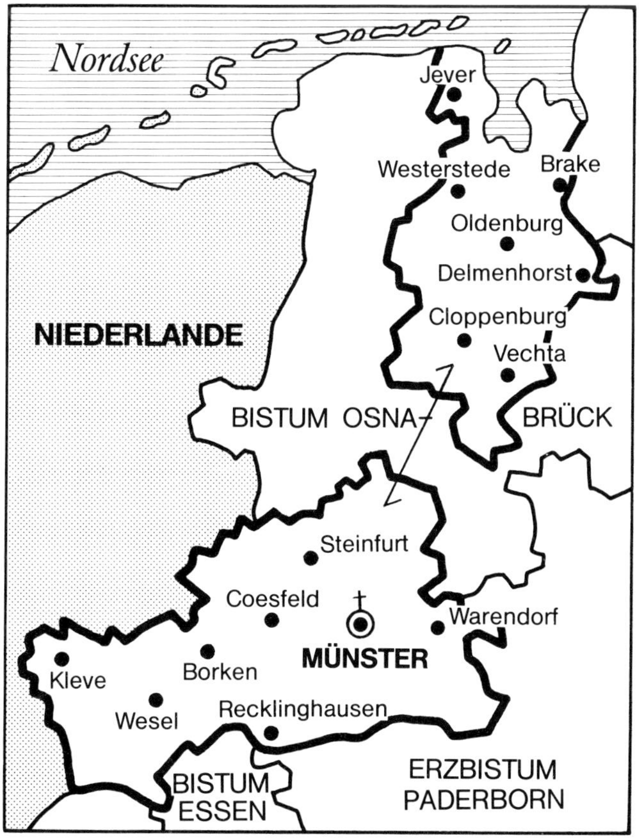

Das Bistum Münster in Zahlen

Größe (qkm):	14800
Einwohnerzahl:	3636367
davon Katholiken:	2085504
Aktive Geistliche:	885
Ordenspriester (im aktiven Dienst):	116
Ruhestandsgeistliche:	284
ständige Diakone:	143
Ordensfrauen (mit Profeß):	4832
Ordensbrüder:	250
Diözesanpatron: Hl. Paulus	

Kulturkampf treu auf Seiten des vom Staat verfolgten Bekennerbischofs Bernhard Brinkmann. Preußische Politik schloß die als großdeutsch verdächtigten Katholiken von Staatsämtern aus. Doch der durchaus preußisch gesinnte Adel zog die Solidarität mit dem Volk dem (protestantischen) Kaiserglanz in Berlin vor. Es entstand eine bis heute typische Gemeinsamkeit von Volk und Adel, der sich immer sozial verpflichtet wußte; nicht von ungefähr gründete hier ein Adeliger, Freiherr von Schorlemer-Alst, den Katholischen Bauernverein. Und in Münster wurde auch Bischof Ketteler, Begründer des »sozialen Katholizismus« in Deutschland, geboren. Der anfangs preußisch gesinnte Bischof von Galen (der »Löwe von Münster«) war es schließlich, der wie kein anderer Bischof öffentlich gegen Hitler auftrat.

Münster ist nicht nur die »heile Welt katholischer Landwirte« – so das Klischee; zum Bistum gehören ebenso die größten Kohlebergwerke. Eine ausgedehnte Nebenerwerbsindustrie (zum Beispiel Textilfabriken), entstand für das Heer der »Heuerlinge«: Städte wie Gronau mit 17 Prozent Arbeitslosigkeit sind soziale Krisenherde. Für die weit auseinanderliegenden Regionen mit je anderen Problemen sind fünf Regional-(Weih-)Bischöfe zuständig.

Trotz aller Verschiedenheiten spielt die Geborgenheit gewachsener Traditionen eine wichtige Rolle: »Münsteraner wird man, indem man tut, was Vater und Großvater getan haben.«

Bischof
Dr. Ludwig Averkamp

geboren:	16.02.1927
Priesterweihe:	10.10.1954
Bischofsweihe:	24.02.1973

Heil-werden in der Mitte des Herzens

»Das Heilwerden der Welt muß an ihrer tiefsten Stelle beginnen, wo alles Gute und Böse seine Quelle hat, im Herzen der Menschen.«

Seine 1957 geschriebene Doktorarbeit trägt den Titel: »Die Freude im christlichen Leben nach den Paulusbriefen«. Alle, die den jetzigen Bischof von Osnabrück gut kennen, sagen, hier sei auch ein Stück seiner eigenen Persönlichkeit eingeflossen. Ludwig Averkamp strahle einen ungebrochenen Optimismus aus. Seit dem 27. September 1987 leitet der im westfälischen Velen geborene Bauernsohn die Diözese Osnabrück. Bereits zwei Jahre vorher, im November 1985, war Averkamp von Papst Johannes Paul II. aus der Diözese Münster nach

Dominus prope
Der Herr ist nahe

Das Wappenfeld ist zur Hälfte gelb und weiß, das Christuszeichen darin mit dem Osnabrücker Rad in Rot und der Bischofshut mit den Schnüren und Knoten in Grün, der ursprünglichen Bischofsfarbe, gehalten. Das Zeichen für Jesus Christus, die beiden griechischen Buchstaben für lateinisch »CH« und »R«, schließt in sich das Osnabrücker Rad ein. Das will sagen: Jesus Christus ist die Mitte, das Leben und der Herr der Kirche von Osnabrück. Die vielen Kreise, die sich um das Rad legen, bedeuten Stadt, Bistum, Land, Welt, das ganze Universum. Jesus Christus überragt und umfängt sie alle. Alles ist in ihm geborgen. Er ist der Herr und Erlöser. Darauf deuten auch die drei Nägel hin. Sie stehen - wie auch die rote Farbe des Christuszeichens - für den Kreuzestod Jesu Christi. Aber sie sind auch ein Symbol des Namenspatrons von Bischof Ludwig: Der heilige König Ludwig IX. (1219-1270). Er gewann für die Sainte Chapelle in Paris die Dornenkrone und wird häufig mit der Dornenkrone oder den Kreuzesnägeln Jesu dargestellt.

Osnabrück geholt worden, damit er dem bisherigen Bischof Dr. Helmut Hermann Wittler zur Seite stehe und nach dessen Rücktritt die Leitung des Bistums übernehme.
Während für gewöhnlich bei Amtsverzicht, Versetzung oder Tod eines Diözesanbischofs eine mehrmonatige regierungslose Zeit eintritt, eine sogenannte Sedisvakanz, ist das im Fall eines Koadjutors anders. Er tritt augenblicklich die Nachfolge des bisherigen Bischofs an.
Bischof Dr. Ludwig Averkamp war für diesen Schritt bestens gerüstet. Als Weihbischof war er für eine der fünf Regionen des Bistums Münster verantwortlich gewesen, für den Niederrhein, mit 462000 Katholiken in neun Dekanaten und 180 Gemeinden. Darüber hinaus stellte er sich mit fundiertem theologischem Sachverstand und wachem Blick für pastorale Aufgaben als Regionalbischof weiteren seelsorglichen Schwerpunktthemen. Dazu gehörte vor allem die Priesterausbildung und -begleitung. Averkamp war maßgeblich an der Erstellung der Rahmenordnung für die Priesterausbildung in Deutschland beteiligt. Er ist der Meinung, daß das Gelingen der Seminarausbildung für angehende Priester stark davon abhängt, wie weit es gelingt, theologisches Fachwissen mit persönlicher geistlicher Formung und praktischer pastoraler Erfahrung zu verbinden.
Mehrere Abschnitte in seinem Lebenslauf hatten Ludwig Averkamp für diese speziellen Aufgaben vorbereitet. 1959 berief ihn der Bischof zum Leiter des Bischöflichen Gymnasiums in Ostbevern bei Münster. 1965 bis 1971 war er Direktor des Theologenkonvikts Collegium Borromäum in Münster. Danach leitet er zwei Jahre lang als Regens das Bischöfliche Priesterseminar in Münster. Priester, die ihn aus dieser Zeit kennen, bezeichnen Averkamp als einen Mann von »großer Gelassenheit«, aber auch als jemanden, der mit »großer Beharrlichkeit seine Ziele verfolgt«.
Der am 16. Februar 1927 im Westmünsterland geborene Bauernsohn wuchs in einer Großfamilie auf. Er selber erzählt: »Neben den Eltern saßen am großen Tisch die Großmutter, ein Großonkel, Knecht und Magd und acht Kinder, zwei Mädchen und sechs Jungen.« Die religiöse Prägung durch Elternhaus und Schule habe er stets beglückend erlebt. Von 1933 bis 1938 besuchte Ludwig die Volksschule in Velen. Dabei blieb ihm besonders eine Lehrerin in Erinnerung, die ihn durch ihre Bibelerzählungen faszinierte. Es war diese Klassenlehrerin, die ihn drängte, 1938 das Gymnasium in Borken zu besuchen. Nach der Mittleren Reife aber geriet der Unterricht ins Stocken. »1943 wurden wir klassenweise als Lufthelfer eingesetzt.« 1944 folgte der Arbeitsdienst. Förderkurse

»brachten uns Kriegsteilnehmer 1947 zum Abitur«, das Ludwig Averkamp mit Auszeichnung bestand.
Im Sommersemester 1948 trat der junge Abiturient ins Priesterseminar in Münster ein. Doch schon im Herbst schickten ihn die Oberen zum weiteren Studium nach Rom. »Sein Rat und die Gespräche mit ihm haben uns gefehlt«, bekannten später seine Freunde. »Aber dann wurden lange, lange Briefe geschrieben.«
Im Heiligen Jahr 1950 tat sich Ludwig Averkamp als Pilgerführer in Rom hervor. Mit dem dabei verdienten Geld finanzierte er seinen Freunden die Reise nach Rom. Sinn für das Praktische zeigte der Theologiestudent auch, wenn er in den Sommerferien daheim am liebsten mit dem Trecker unterwegs war.
Am 10. Oktober 1954 empfing der junge Theologe die Priesterweihe. Für drei Jahre war Averkamp Kaplan in der großen Antonius-Pfarrei in Rheine. Es folgten die Jahre, in denen Averkamp in der Priesterausbildung tätig war. Am Fest des heiligen Matthias, am 24. Februar 1973 wurde der Münsteraner zusammen mit dem jetzigen Bischof von Münster, Dr. Reinhard Lettmann, zum Bischof geweiht. Dreizehn Jahre lang übte Ludwig Averkamp als Weihbischof die Aufgaben eines Regionalbischofs aus, bis er nach Osnabrück berufen wurde.
Mit dem Bischofsamt in Osnabrück übernahm er die Betreuung der räumlich größten Diözese in Deutschland. In der Bundesrepublik gehören zu ihr das Bundesland Schleswig-Holstein, die Stadtstaaten Bremen und Hamburg, sowie Westniedersachsen und der Osnabrücker Raum. In der DDR zählt noch das Land Mecklenburg zu Osnabrück, das jedoch dem Papst direkt unterstellt und von einem Apostolischen Administrator in Schwerin geleitet wird.
Bischof Averkamp ist Oberhirte für 900000 Katholiken. Zunächst überraschend, dann aber durchaus schlüssig ist es, daß dieser Bischof, der auch im Äußeren so ganz einem Landpastor gleicht, neben Optimismus und Freude die dunkle Seite des Menschseins in seine Reflexionen einbezieht: Sünde und Versöhnung. Nach der Welt-Bischofssynode in Rom 1983 zum Thema »Versöhnung und Buße in der Sendung der Kirche heute«, an der er als Berichterstatter teilnahm, schrieb Averkamp: »Das Heilwerden der Welt muß an ihrer tiefsten Stelle beginnen, wo alles Gute und Böse seine Quelle hat, im Herzen der Menschen.«
In einer sechsteiligen Serie in der Münsteraner Bistumszeitung über die befreiende Wirkung des Bußsakramentes vertrat er die Ansicht, daß Sünde keine Verfehlung sei, die der

Weihbischof Dr. Hans-Jochen Jaschke

geboren:	29.09.1941
Priesterweihe:	28.01.1967
Bischofsweihe:	08.01.1989

Weihbischof Theodor Kettmann

geboren:	27.11.1938
Priesterweihe:	01.02.1964
Bischofsweihe:	18.02.1979

Mensch allein mit Gott ausmachen könne. Sünde bedeute auch ein Unrecht gegen die ganze Kirche. Deshalb müsse man seine Schuld vor den Brüdern und Schwestern bekennen. Wer nicht regelmäßig sein Gewissen erforsche und seine Sünden bekenne, gerate in Gefahr, den Blick für die Sünden zu verlieren. Wörtlich: »Unbereute Sünden entwickeln eine erstaunliche Fähigkeit, die Klarheit des Gewissens zu vernebeln. Die Mechanismen von Entschuldigung und Bagatellisierung setzen sich von selbst in Gang. Es ist überraschend, wie schnell und gründlich Schuld aus dem Bewußtsein verdrängt wird und ins Vergessen absinkt.«

Freude und Optimismus, die der Osnabrücker Bischof verkündet und ausstrahlt, kommen also aus einer theologischen Tiefe, die mit äußerlicher Munterkeit wenig zu tun hat.

Daß sein Optimismus aber durchaus auch irdische Quellen kennt, zeigt ein Blick in den Alltag des Bischofs. Jede Woche versucht er, sich einen »stillen Tag« zu reservieren, an dem er klassische Musik aus seiner umfangreichen Plattensammlung hört oder sich Zeit nimmt für das Lesen. Das Lesen gehörte schon als Kind zu seinen Lieblingsbeschäftigungen, so daß er es bedauerte, »daß in der örtlichen Borromäus-Bücherei wöchentlich nur drei Bücher ausgegeben wurden«. Was das Essen betrifft, so schätzt Averkamp Eintöpfe, die seine Schwester Josefa kocht, »wie wir sie vom Hof unserer Eltern her gewöhnt sind«.

Von seiner Zeit in Rom her liebt Ludwig Averkamp Pizza und Pasta. Auch die Urlaubsreisen gehen meistens in den Süden. »Ich fahre mit meinen jungen Nichten und Neffen. Wir pakken einen Kleinbus voll und erkunden die Stadt und die Umgebung.« Leider steht für solche Reisen immer weniger Zeit zur Verfügung.

Diaspora: geprägt von Minderheiten

Ursprung des Bistums Osnabrück war eine Missionszelle, die König Karl, der spätere Kaiser, 780 gegründet hatte: Grundstein der späteren Stadt Osnabrück. Der erste Pfarrer hieß Wiho: sobald Karl der Große 803 dem Bistum Land gab, wurde er erster Bischof von Osnabrück. Von Hamburg und Bremen aus (sie waren einst eigenständige Bistümer und gehören heute zu Osnabrück, ebenso wie die mittelalterlichen Domstädte Schleswig, Lübeck, Ratzeburg und Schwerin), wurde nördlich der Elbe missioniert. Der Heilige Ansgar wirkte seit 832 für Schweden, Dänen und Ostseewenden: seit dieser Zeit gibt es enge Verbindungen zur nordischen Diaspora. Eine Besonderheit des Bistums: Durch den Westfälischen Frieden von Münster und Osnabrück war es von 1648 bis ins 19. Jahrhundert möglich, daß die Diözese abwechselnd von einem katholischen und einem evangelischen Fürstbischof regiert wurde.
Nur 15 Prozent der Einwohner des ausgedehnten Bistums (45 500 qkm) sind Katholiken - regional verschieden: 90 Prozent der Bewohner sind im Emsland katholisch, sechs bis

Das Bistum Osnabrück in Zahlen

Größe qkm:	28 904
Größe (incl. Mecklenburg) qkm:	45 500
Einwohnerzahl:	5 900 000
davon Katholiken:	900 000
in der DDR:	1 200 000
davon Katholiken:	102 000
Aktive Geistliche:	579
davon Ordenspriester:	81
Ruhestandsgeistliche:	97
ständige Diakone:	51
Ordensfrauen:	1 646
Ordensmänner:	170
Bistumspatron: Hl. Josef	

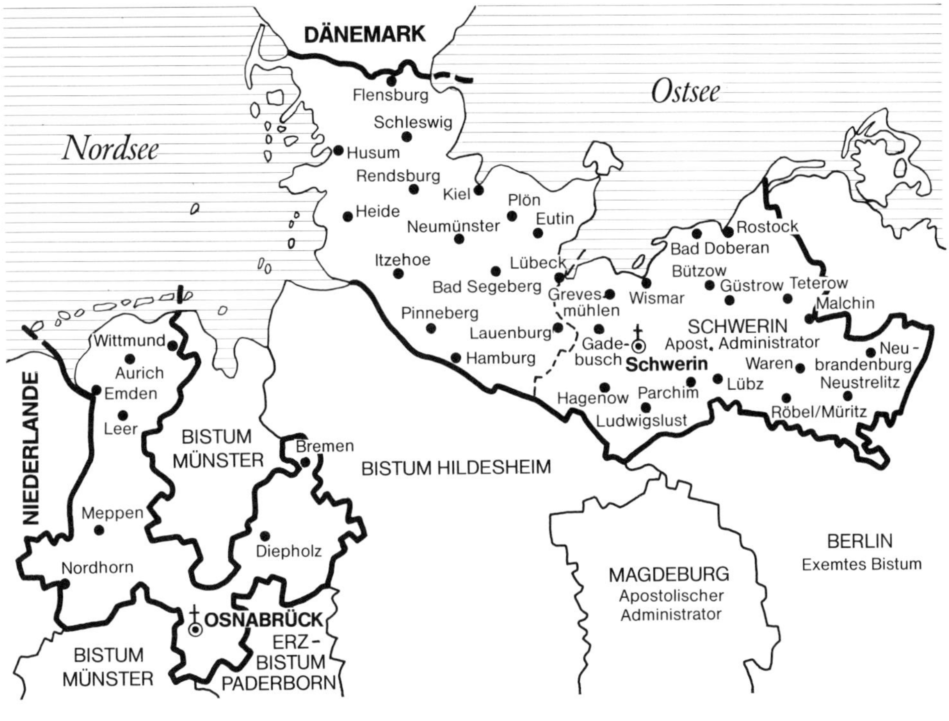

zehn Prozent in Ostfriesland, Hamburg oder Bremen. Vier Bundesländer gehören zum Gebiet: Niedersachsen, Schleswig-Holstein, Bremen, Hamburg. Dazu kommt Mecklenburg (DDR). Hier ist ein Bischof als Apostolischer Administrator zuständig.

Das Bistum war nie reich, doch man leistete sich eine unverhältnismäßig große Zahl von Schulen, weil gute Wissensvermittlung als Weg zu standfestem Christsein galt; auch in der Weiterbildung ist man in bezug auf die Katholikenzahl führend; gewaltige Summen werden für kirchliche Hilfswerke (Entwicklungshilfe) aufgebracht. Auch hier rangiert Osnabrück an der Spitze der Bistümer. Diaspora-Katholiken wissen offenbar, wie segensreich Hilfe von außen wirken kann.

Der heutige Dom wurde im 13. Jahrhundert erbaut; eine dreischiffige Pfeilerbasilika in Kreuzform mit achteckigem Vierungsturm und zwei ungleichen Türmen an der Westfassade. Die Bischofskirche wurde bis ins 16. Jahrhundert mehrfach verändert. Das Innere wurde im 18. Jahrhundert barockisiert und im 19. Jahrhundert neoromanisch neu gestaltet. Zu den Besonderheiten gehören das Triumphkreuz (13. Jahrh.) und das bronzene Taufbecken.

Erzbischof:
Dr. Johannes Joachim Degenhardt

geboren: 31.01.1926
Priesterweihe: 06.08.1952
Bischofsweihe: 01.05.1968
Amtseinführung als Erzbischof: 28.04.1974
Vorsitzender der Kommission für Erziehung und Schule

In der Nazizeit lernte er, geradlinig zu sein

Als Johannes Joachim Degenhardt 1974 Erzbischof in Paderborn wurde, fragte man ihn nach seinem Vorhaben. »Ich möchte, daß unsere Gemeinden lebendiger werden; daß möglichst viele Glieder mit ihren Charismen und Gaben mittun.« Dieser Wunsch steht wie ein Leitmotiv über seiner Arbeit, damals wie heute. Zum »Mittun« gehört für ihn auch die jetzt wieder wichtiger werdende ehrenamtliche Mitarbeit. Der 1926 geborene Bischof bedauert die Professionalisierung bis in die Jugendarbeit und Caritas hinein.

»Wie wirkt sich die Medienlandschaft auf die junge Generation aus – die erste, die mit dem Fernsehen aufgewachsen ist? Wird sie immun werden gegenüber anti-katholischen Inhalten?«

Surrexit Dominus vere
Der Herr ist wahrhaft auferstanden

In der oberen Hälfte im linken Feld das Wappen des Bistums Paderborn (goldenes Kreuz auf rotem Grund), im rechten Feld die aufgeschlagene Heilige Schrift (silbernes Buch auf goldenem Grund), die Anfang und Ende aller Verkündigung ist. In der unteren Hälfte erinnern die drei Lilien (gold auf blauem Grund) an Le Mans, die Heimat des Bistumspatrons, des heiligen Liborius. Das rechte Feld enthält ein rotes Kreuz auf weißem Grund, das Wappen von Pyrmont, wo die Paderborner Bischöfe bis 1802 Grafen waren. In die obere Hälfte des Wappens ragt das Pallium hinein, das Zeichen der besonderen Verbundenheit mit dem Papst.

Weihbischof Dr. Paul Nordhues

geboren:	08.02.1915
Priesterweihe:	23.03.1941
Bischofsweihe:	24.08.1961

Weihbischof Hans Leo Drewes

geboren:	14.04.1922
Priesterweihe:	29.03.1952
Bischofsweihe:	20.07.1980

Andererseits gibt es Positives zu vermelden: Weit mehr als vor dem Konzil, so Degenhardt, finden sich derzeit überall mögliche Mitarbeiter. Ein besonderes Erfolgserlebnis für die Seelsorge sieht er in der Durchsetzung von »Firmgruppen«, die oft auch das Entstehen von Jugendgruppen zur Folge haben und in denen Eltern »nicht religiöses Wissen vermehren, sondern einführen in das Leben der Gemeinde«. Aufgabe des begleitenden Priesters sei es, daß diese Art von Unterweisung, die ja nicht schulischen Religionsunterricht ersetzen soll, nicht an der Oberfläche bleibt. Auch Besuchsdienste gehören für ihn zur lebendigen Gemeinde, denn: »Lebendig ist eine Gemeinde dann, wenn sie missionarisch ist.«

Worüber macht sich der Paderborner Hirte am meisten Gedanken? »Ich sorge mich um gute katholische Familien.« Da sei in vielerlei Hinsicht Erneuerung nötig. Er nennt die Stichworte Treue, Ehescheidungen, den Rückgang von Kinderzahlen. Schon 1979 hat er in einem vielzitierten Fastenhirtenbrief unmißverständlich seine Auffassung dazu geäußert: »Es widerspricht christlicher Lebenseinstellung und christlichem Gottvertrauen, Kinder zu verweigern aus Furcht vor der Zukunft oder aus einer egoistischen Grundhaltung heraus.« Er findet zwar nicht die Zustimmung aller Katholiken, mit Sicherheit jedoch des Papstes Johannes Paul II., wenn er schon damals schreibt: »Eheliche Hingabe muß für die Weitergabe des Lebens offenbleiben.«

Eine andere Sorge formuliert er so: »Haben unsere vielen (kirchlichen) Institutionen genügend profilierte katholische Mitarbeiter?« Und wenn es jetzt der Fall ist, werde es in zwanzig Jahren noch so sein? Man müsse nach dem Sinn kirchlicher Altenheime, Krankenhäuser und Kindergärten fragen, wenn diese sich im Grunde nicht von kommunalen unterscheiden. Ähnliche Sorgen drücken ihn auch in seiner Eigenschaft als »Schulbischof«.

1985 ist Degenhardt gleich zweimal in die Schlagzeilen geraten: einmal, als er Kapitalbeteiligung, kürzere Arbeitszeiten und eine rasche soziale Anpassung an die Automatisierung verlangte; zum anderen, als er die Gewerkschaft ÖTV wegen ihrer Haltung in der Abtreibungsfrage kritisierte und in diesem Zusammenhang die Mitgliedschaft von Katholiken bei der ÖTV in Frage stellte.

Schließlich beunruhigt ihn auch die aktuelle Frage: »Wie wirkt sich die Medienlandschaft auf die junge Generation aus – die erste, die mit dem Fernsehen aufgewachsen ist? Wird sie immun werden gegenüber anti-katholischen Inhalten? Werden sie sich so mit der Kirche identifizieren, daß sie als Gläubige nonkonformistisch sein können?«

Möglicherweise hängt Degenhardts vielleicht manchem zu kompromißlos erscheinende Linie, die ja auch pastoral eine Richtung andeutet, eng mit Prägungen aus der Vergangenheit zusammen; Situationen, die Gradlinigkeit, vielleicht sogar eine gewisse Härte erforderten. Als der in Schwelm geborene Johannes Joachim fünfzehn Jahre alt war, verhaftete die Gestapo den Schüler im Dezember 1941. Nach drei Wochen Einzelhaft wurde er freigelassen, doch wegen »politischer Unzuverlässigkeit« von der Schule verwiesen. Ursache: Er hatte als Mitglied des Bundes Neudeutschland mit anderen dem neuen Erzbischof von Paderborn, Lorenz Jaeger, bei seiner Bischofsweihe in Paderborn stürmische Ovationen entgegengebracht. (Daran, daß er 1974 dessen Nachfolger werden würde, war freilich noch nicht zu denken.)

Nach dem Schulverweis nahm er eine kaufmännische Lehrstelle an, bis er als Luftwaffenhelfer eingezogen wurde. 1946 aus Kriegsgefangenschaft entlassen, holte er das Abitur nach, studierte Philosophie und Theologie und wurde 1952 zum Priester geweiht. Er hätte, so sagt er heute, durchaus Philologe, Jurist oder Politiker werden können; doch die katholische Prägung im westfälischen Elternhaus, die Nazi-Situation, auch das Erleben von Todesgefahr trugen schließlich zur Entscheidung für den Priesterberuf bei.

Degenhardt hat Erfahrungen in der Gemeindepraxis - als Vikar und Pfarrverweser - wie auch in der Wissenschaft: Nach der Promotion wurde er 1964 wissenschaftlicher Assistent in Bochum. Und wenn er heute über Studentengemeinden lapi-

Weihbischof Paul Consbruch

geboren:	02.05.1930
Priesterweihe:	26.05.1955
Bischofsweihe:	08.02.1981

Bei einer Osterwanderung begleitet der Erzbischof von Paderborn, Johannes Joachim Degenhardt (zweiter von links), in zünftiger Kleidung junge Männer seines Bistums, die sich für den Priesterberuf interessieren.

dar sagt, ihre Struktur »muß mit dem katholischen Verständnis übereinstimmen«, was auch bedeute, daß der Pfarrer der ausschlaggebende Teil sein müsse, dann redet er aus Erfahrung: als Studentenpfarrer an der Abteilung Paderborn der Pädagogischen Hochschule Westfalen-Lippe.
Besondere Freude machen ihm Besuche in den Gemeinden – überall ist er schon mindestens einmal gewesen. Was ihn kümmert – und dabei dürfte ihm auch sein kirchenkritischer Vetter, der Anwalt und Protestsänger Franz-Josef Degenhardt zustimmen, mit dem er ansonsten nicht viel gemeinsam zu haben scheint: »Die Kirche ist in Gefahr, verbürokratisiert zu werden.«

Der mächtige Westturm des Paderborner Domes erhebt sich über das flache Land. Nicht weniger als fünf Vorgängerbauten sind nachgewiesen, die in der Basilika aus dem 13. Jahrhundert ihre Spuren hinterließen. Den allerersten Grundstein legte Karl der Große 779. In der Krypta, einer der größten Krypten Deutschlands, liegen die Gebeine des Bistumspatrons, Liborius.

Der Patron kommt aus Frankreich

Papst Leo III. weilte 799 drei Monate als Gast Karls des Großen in Paderborn, wo beide das Bistum gründeten. Den ersten Bischof, den Heiligen Hathumar, erhielt Paderborn erst 806. Dreißig Jahre später erbaten die Paderborner von Bischof Aldrich in Le Mans die Reliquie eines Heiligen: so kam die Liborius-Verehrung nach Paderborn. Paderborn und Le Mans schlossen damals einen »Liebesbund ewiger Freundschaft«, der selbst in Krisen- und Kriegszeiten fortbestand. (Das Libori-Fest im Juli ist eine faszinierende kirchliche wie weltliche Acht-Tage-Feier mit internationalen Gästen und völkerverbindendem Charakter.) Dem Völkerverbindungs-Gedanken dient auch die von Erzbischof Johannes Joachim Degenhardt

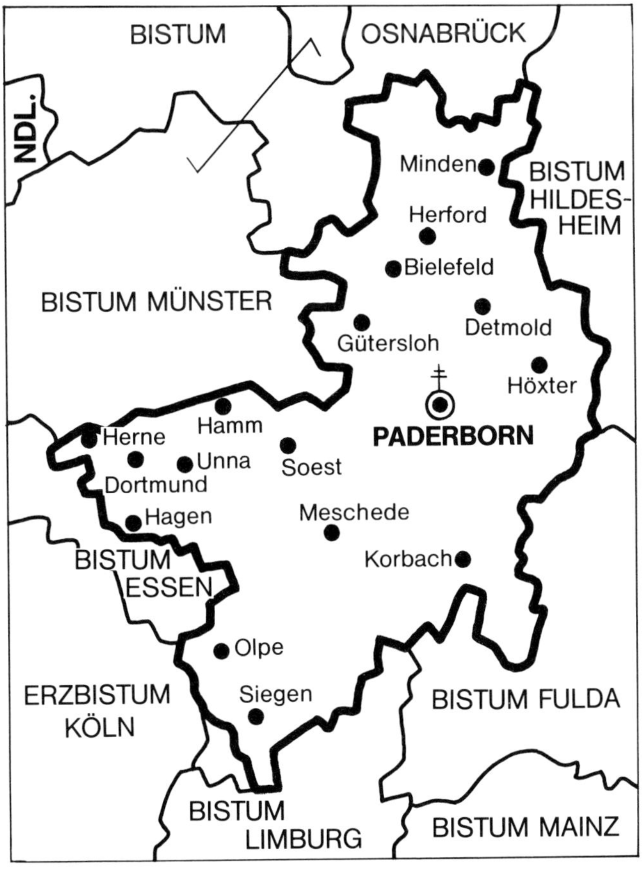

Das Erzbistum Paderborn in Zahlen

Größe des Bischöflichen Amtes Magdeburg (qkm):	23209
Einwohnerzahl:	4300000
davon Katholiken:	250000
Größe des westlichen Anteils (qkm):	14800
Einwohnerzahl:	5100000
davon Katholiken:	1860000
Aktive Geistliche (Welt- und Ordenspriester):	1221
davon im Ruhestand:	130
Ständige Diakone:	72
Ordensfrauen:	3810
Ordensmänner:	353
Bistumspatron:	
Hl. Bischof Liborius von Le Mans	

1977 gestiftete »St. Liborius-Medaille für Einheit und Frieden«.

Unter dem Paderborner Bischof Meinwerk (1009 bis 1036) finden sich Ansätze zur Bildung eines fürstlichen Territoriums, das sich im 13. Jahrhundert festigte. 1802 fiel es an den preußischen Staat – das Bistum blieb in den alten Grenzen bestehen. 1821 kamen das frühere Bistum Corvey und Teile der Diözesen Mainz, Köln und Osnabrück zu Paderborn, ebenso Minden, Halberstadt und Magdeburg, das heute unter einem Apostolischen Administrator steht. 1958 trat Paderborn erhebliche Teile an das Ruhrbistum Essen ab.

Heute sind der Siegerländer Raum und Minden-Ravensburg-Lippe Diaspora, ebenso wie der Ostteil in der DDR, Magdeburg. Die Diaspora-Lage – Paderborn ist seit 1849 auch Sitz des Bonifatiuswerkes der Deutschen Katholiken – schärfte den Blick für die Ökumene, um die sich schon sehr früh der Bekennerbischof Konrad Martin (1812 bis 1879) gemüht hatte. Heute stehen dafür der Name »Johann-Adam-Möhler-Institut für Konfessions- und Diasporakunde«, gegründet unter diesem Namen von Erzbischof Kardinal Lorenz Jaeger und die 1975 berufene Bistumskommission für Ökumene.

Bischof:
Franz Xaver Eder

geboren:	04.11.1925
Priesterweihe:	29.06.1954
Bischofsweihe:	16.07.1977

Bayerisch-liberal, weil ungebrochen katholisch

»Die Kirche hat was mit Natur und Übernatur zu tun und muß so bunt sein wie eine Wiese.«

Vor Überraschungen jeglicher Art war man in Passau im Herbst 1984 sicher, als es um die Nachfolge des 75 Jahre alten Bischofs Antonius Hofmann ging: Sein Wunschkandidat als »Thronerbe«, Franz Xaver Eder, ab 1974 Domkapitular und ab 1977 Weihbischof, war im Januar des gleichen Jahres zum »Coadjutor cum iure successionis« ernannt worden. Das bedeutete einen automatischen (Oberhirten)-Stabwechsel in die Hände von Koadjutor Eder am Tag des Rücktritts von Hofmann. Vor diesem Hintergrund nimmt es nicht Wunder, daß

Im Geiste der Kraft
und der Liebe
und der Besonnenheit

Die drei grünen Kleeblätter (auf goldenem Grund), Symbole des Lebens, verdeutlichen die im bischöflichen Wahlspruch enthaltenen Begriffe Kraft, Liebe und Besonnenheit. Der Passauer Wolf, seit 1368 in der städtischen Siegelführung bekannt, war sowohl Bürgersiegel als auch Wappentier des alten Passauer Hochstiftswappens. Das Kreuz wurde aus dem Diözesanwappen entnommen; die Farben Gold auf schwarzem Grund weisen auf die früheren Gebiete der Diözese Passau in Österreich hin.

Altbischof Dr. Antonius Hofmann

geboren:	04.10.1909
Priesterweihe:	13.04.1936
Bischofsweihe:	26.11.1961

Eder wenige Tage vor der Amtsübernahme auf die Frage nach seinen Plänen in der Bistumsarbeit antwortete: »Ich habe den Eindruck, es wird sich nicht viel ändern. An der grundsätzlichen Verantwortung (der Entscheidungen der letzten Jahre) war ich ja schon beteiligt.«

Er sei aufgeschlossen gegenüber Fragen der Ökumene, der Liturgiereform, Mitsprache der Laien, Umsetzung der Konzils-Impulse, sagte man über Bischof Hofmann, und zuzeiten sprach man von der Diözese gar hinter vorgehaltener Hand als »Klein-Holland«. Das alles wird wohl unter Eder so bleiben, der wie sein Vorgänger Brauchtum und Volksfrömmigkeit liebt – doch gleichzeitig die Seelsorgewirklichkeit in zunehmend säkularisierter Zeit nüchtern einschätzt.

Obwohl 1925 geboren, wirkt Eder in Aussehen und Auftreten fast wie ein Jugendkaplan, zweifellos eine Folge seiner langen Tätigkeit als Jugendreferent. Erst im Streit um das »Song-Buch 2« der Katholischen Jungen Gemeinde (KJG) hat er seine Überzeugung »Jugendarbeit hat was mit Pädagogik« zu tun, praktisch umgesetzt. Einerseits hat er gewisse Liedstellen deutlich kritisiert (»Das stinkt mir, daß Ihr so was singt«), andererseits hat er mit der KJG überlegt, wie man Schaden von dieser Gemeinschaft abwenden könne – mit Erfolg.

Manche Äußerung Eders klingt wie das Echo von Ansichten Hofmanns, auch wenn der Jüngere manchmal temperamentvoller, pointierter formuliert, etwa: »Die Kirche hat was mit Natur und Übernatur zu tun und muß so bunt sein wie eine Wiese.«

Indirekte Kritik an der deutschen Kirchensituation mag man herauslesen, wenn er die österreichischen Nachbarn lobt, mit denen er zwanglose Kontakte pflegt: Sie sind »uns in manchem voraus, nicht nur weil sie weniger Geld haben, sondern in dem Prozeß der Freiheit innerhalb ihrer Gesellschaft«. Denn die Kirche in Österreich sei länger und intensiver mit staatlichen Strukturen verbunden gewesen, habe aber nach dem Krieg zu einem völlig neuen Ansatz gefunden, während man bei uns weitgehend da weitergemacht habe, wo vor dem Krieg aufgehört worden sei.

Die deutsche Kirche, meint Eder, genießt ein hohes Ansehen bei den Kirchen anderer Länder wegen ihrer materiellen und geistigen Potenz; doch sei es wichtig, »daß wir von anderen Kirchen gewinnen, weil wir vielleicht schon gemerkt haben, daß unsere Weisheit nicht das letzte Wort zum Phänomen Kirche ist«. Die Kirche müsse sich ständig bekehren; andererseits könne sie sich nur so weit erfolgreich gegen die Trends stellen, als die Gläubigen sie tragen; die Bischöfe müßten sich deshalb auch fragen, wie man bestimmte Forderungen »ope-

rationabel« machen kann, damit sie einsichtig und vollziehbar sind.
Diese Fragen richtet er auch an sich selbst, etwa wenn es um eine seiner vorrangigsten Sorgen geht: die Familien (obwohl es in der Diözese noch Geburtenüberschuß gibt und der »Pillenknick« ausblieb): »Wir überlasten die Familie mit unendlich vielen Erwartungen ... selten werden pastorale Aktivitäten in ihrer Beziehung zur Entlastung der Familie gesehen.« Er sieht deutlich die Familie in einer Krise, da sie an soziologischem und wirtschaftlichem Wert verloren habe.
Ein anderes Problem, dessen Tragweite noch gar nicht abzusehen ist, hat mit der ländlichen Struktur der Diözese zu tun, in der Streusiedlungen, Einödhöfe und kleine Bauerndörfer immer mehr schrumpfen, weil die junge Generation wegzieht und soziales Leben kaum mehr zustande kommt. Gerade hier hatte das Zusammenkommen beim sonntäglichen Gottesdienst eine wichtige soziale Funktion - doch immer weniger Gemeinden werden einen Pfarrer haben, auch wenn es bei den Passauern um die Priesternachwuchszahlen nicht schlecht bestellt ist. Da jedenfalls, erkennt er realistisch, »brauchen wir viel Einsicht, daß die Leute nicht in einem geistlichen Egoismus alles und immer mehr fordern«. Wichtig sei auch, daß Pfarrgemeinderäte, Katholische Aktion und an-

Bodenständig ist man in der Diözese Passau: Bischof Eder wird durch Brot daran erinnert, das ihm bei einem Gottesdienst überreicht wird.

dere ein gewisses Eigenleben entwickeln. Daß gerade in dieser schwierigen Zeit Aufbrüche wie die der charismatischen Bewegung wichtig sein können, sieht er; doch könnten solche »Zellen des Betens« nur wirklich fruchtbare Zellen sein, wenn sie in die kirchliche Öffentlichkeit hineingeholt werden.

Eder wurde 1925 im niederbayerischen Pfarrkirchen geboren. Mit siebzehn Jahren wurde er Soldat, der Neunzehnjährige geriet in Gefangenschaft. Es kostete ihn fünf Jahre und damals festigte sich sein Entschluß, Priester zu werden. Die Erkenntnis jener harten Zeit, daß »der Mensch dem Menschen nichts mehr wert war«, traf zusammen mit der wachsenden Überzeugung, »daß das Wollen Gottes mit den Menschen in der Kirche zu Hause ist«. 1954 wurde Eder zum Priester geweiht; er war in der Seelsorge tätig, wurde Regens im Priesterseminar, Domvikar, Domkapitular und 1977 Weihbischof. Er führt ein »familiäres Bischofshaus« mit Mutter und Schwester; der Vater ist früh verstorben.

Wie kommt es, fragt der nichtsahnende Gesprächspartner, daß in Passau bei aller Kontinuität und allem Festhalten an Hergebrachtem soviel Aufgeschlossenheit, ja progressives Vorwärtsgehen in der Kirche spürbar ist? Bischof Eder schmunzelt: »Da wir hier so ungebrochen katholisch sind, brauchen wir keine Angst zu haben.« Daraus spricht jenes wohl nur noch in Bayern zu findende katholische Selbstbewußtsein, aus dem heraus man es sich leisten kann, liberal zu sein …

Der St. Stephans-Dom verleiht der Dreiflüssestadt Passau ihr barock-geprägtes Antlitz. Ursprünglich wurde der Dom im 10. Jahrhundert im romanischen Stil errichtet und Ende des 13. Jahrhunderts gotisch umgestaltet. Nach einem verheerenden Stadtbrand 1662 wurde der barocke Dom unter Einbeziehung weniger erhaltener gotischer Teile erbaut: Man sagt, er habe »einen barocken Leib und eine gotische Seele«. Im Sommer lauschen täglich viele der 1928 geschaffenen größten Orgel der Welt.

Reich an Kirchen - arm an Arbeit

Das zweitkleinste und »katholischste« Bistum (nur sieben Prozent der Einwohner sind nicht katholisch) war einst das größte des »Heiligen Römischen Reiches Deutscher Nation«. Es reichte im 11. Jahrhundert bis zur heutigen österreich-ungarischen Grenze und im Süden bis an die Voralpen. Im 14. Jahrhundert lagen sechs Siebtel des Bistums auf österreichischem Gebiet; ein Offizialat in Wien (bei der Kirche Maria am Gestade) mußte eingerichtet werden. Den ersten Bischof, Vivilo, bestätigte 739 Bonifatius, als er in päpstlichem Auftrag der bayerischen Kirche mit den Bistümern Salzburg, Freising, Regensburg und Passau eine feste Organisation gab. Klöster festigten das Christentum: Niederalteich (741), das Kanonissenstift Niedernburg (748), Mondsee (748) und die Benediktinerabtei Kremsmünster (747).
Im 15. Jahrhundert drohten der Hussiteneinfall (1430), die Türkengefahr, schließlich die Reformation, bis Fürstbischof Urban von Trennbach und schließlich die 1612 herbeigerufe-

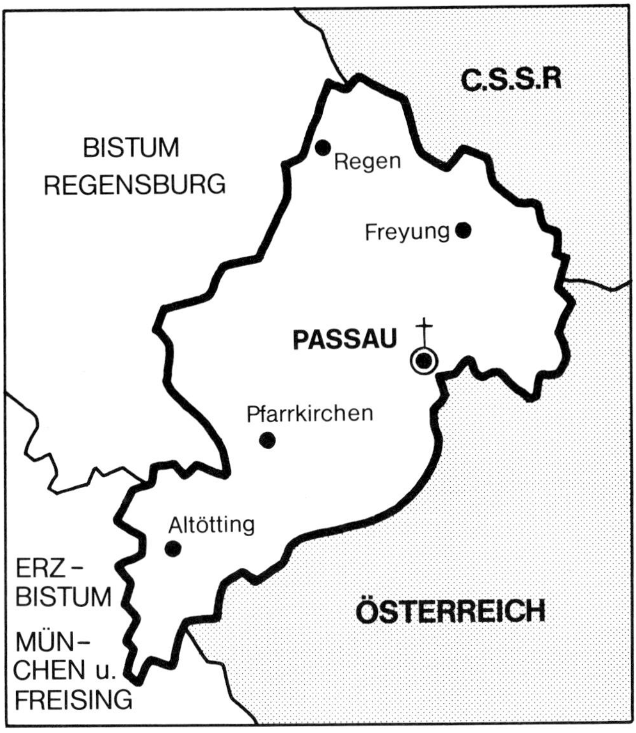

Das Bistum Passau in Zahlen

Größe (qkm):	5442
Einwohnerzahl:	579000
davon Katholiken:	535662
Aktive Geistliche:	297
Ordenspriester (insgesamt):	137
Ruhestandsgeistliche:	113
Diakone:	2
Ordensfrauen:	1379
Ordensbrüder:	108

Bistumspatrone: Hl. Valentin, Hl. Maximilian, Hl. Konrad v. Parzham

nen Jesuiten mit den Passauer Franziskanern Passau zu einem Zentrum der Gegenreformation machten. Unter Kaiser Joseph II. wurde vor 200 Jahren der österreichische Teil des Bistums gewaltsam abgetrennt; 1803 ging das weltliche Fürstbistum verloren. Mit dem bayerischen Konkordat 1817 wurde Passau Münchner Suffraganbistum und erhielt 18 Pfarreien des früheren Salzburger Gebiets, darunter auch Altötting. Eine Dreiviertelmillion Pilger kommen noch heute jährlich hierher zur »schwarzen Madonna« und dem Kapuzinerpförtnerbruder Konrad (vor gut 50 Jahren heiliggesprochen). Die Universitäts- und Grenzstadt zu Österreich und der Tschechoslowakei gilt als eine der schönsten Barockstädte; und im mehrfach zerstörten Dom mit dem »barocken Leib und der gotischen Seele« steht die größte Kirchenorgel der Welt. 600 Kirchen und 1200 Kapellen - 200 waren früher Wallfahrtsorte - charakterisieren das Gesicht des Bistums. Wirtschaftliche Probleme im »Armenhaus« der Bundesrepublik, vor allem im Grenzland zur Tschechoslowakei, gehen auch an der Seelsorge nicht spurlos vorüber. Viele müssen als Fernpendler in München oder Stuttgart arbeiten und in manchen Regionen reicht die Arbeitslosenquote im Winter an die 40 Prozent.

Bischof:
Manfred Müller

geboren: 15.11.1926
Priesterweihe: 24.06.1952
Bischofsweihe: 25.03.1972
Vorsitzender der Kommission für Wissenschaft und Kultur

Der geborene Pädagoge setzt auf den Dialog

Natürliche Autorität, Direktheit und Offenheit im Gespräch, eine klare, präzise Ausdrucksweise: Ideale Voraussetzungen für einen Pädagogen. Wer noch dazu über eine kräftige Stimme, lebhafte Mimik und temperamentvolle Gesten verfügt, wie der 1926 geborene Regensburger Bischof Manfred Müller, bringt es zweifellos zu großer Beliebtheit. Daß er Berufsschüler besonders schätzt, weil sie »handfesten Realismus«, aber auch »Witz, Nachdenklichkeit und spontane Klugheit« besitzen, sagt manches über Müller selbst.

»Man muß nicht immer einer Meinung sein, wohl aber einmütig im Geiste Jesu zusammenbleiben.«

DIE WAHRHEIT
IN LIEBE
VERKÜNDEN

Das Brot im Wappen des Bischofs deutet über das Mehl auf den Familiennamen Müller hin. Die alten Mühlräder wurden vom Wasser getrieben; dessen Symbol ist der Fisch. Brot und Fisch sind aber auch biblische Zeichen für die Speisungswunder des Herrn und für die Eucharistie. Der Fisch ist zugleich das Attribut des heiligen Ulrich. Dessen Grabeskirche in Augsburg liegt in der Heimat von Bischof Müller. Die Farben von Augsburg sind rot, grün, weiß. Der Bischof übernimmt sie und ergänzt sie im Obereck durch die Farben des Hochstifts von Regensburg: auf rotem Grund diagonal ein silberner Streifen.

Weihbischof Vinzenz Guggenberger

geboren:	21.03.1929
Priesterweihe:	29.06.1953
Bischofsweihe:	24.06.1972

Zwanzig Jahre lang hat er im Schuldienst gearbeitet: 1952 zuerst in Starnberg, wo er gleichzeitig Stadtkaplan war; ab 1955 als hauptamtlicher Religionslehrer an Oberrealschulen, Berufsschulen und schließlich als Studiendirektor am Holbein-Gymnasium in Augsburg. Die Schulkarriere endete 1972 mit der Ernennung zum Weihbischof in Augsburg. 1982 wurde er auf den Regensburger Bischofsstuhl »exportiert«.

Kein Wunder, daß er sich besonders um die Jugend sorgt; dabei ist er bereit, mit anderen um die richtigen Mittel und Wege zu ringen. Man müsse nicht immer einer Meinung sein, »wohl aber einmütig im Geiste Jesu zusammenbleiben«. Das ist zuweilen leichter gesagt als getan: Der Regensburger katholischen Jugend machte Bischof Müller klar, daß es Dinge gebe, bei denen man unterschiedliche Standpunkte gelten lassen müsse, ob es sich um die Friedensfrage oder die Kernenergie handle.

Müller ist, wie es in einer Biographie heißt, »entschlossen zum Führen, aber mißtrauisch gegenüber autoritärer Machtausübung«. Entsprechend setzt er auf Dialog – auch im jahrelang schwelenden Streit zwischen der Bischofskonferenz und der Arbeitsgemeinschaft katholischer Studentengemeinden; für sie ist er jetzt als Vorsitzender der Bischofskommission für Wissenschaft und Kultur zuständig. Er wünscht dabei »ein vernünftiges Gesprächsklima« und will nicht rigoros durchgreifen. Daß dabei Geduld vonnöten ist und die Dispute einen Mann seines Temperaments »schon nerven« können, läßt sich denken.

Müller gehört auch der Kommission für Erziehung und Schule an und ist bayerischer Schulbischof. Leichte Bürden, möchte man meinen; denn Müller liebt Jugendbücher, er schätzt die Auslandskontakte, und ihm als Goethe-Liebhaber, der Brecht mag und gern in die Oper geht, dürften auch offizielle Gespräche zwischen Kirche und Kunst nicht schwerfallen. Doch all dies kostet Zeit, die er lieber im Bistum verbringen würde. (An den Lieblingssport Schwimmen oder an Waldspaziergänge ist ohnehin nur selten zu denken.)

»Raus ins Bistum« ist seine Devise. Von Anfang an hat er sich die besonderen Nöte hier zu eigen gemacht: Arbeitslosigkeit, zunehmende Zahlen von (Wochenend)-Pendlern, Betriebsschließungen. Man wird ihn zwar kaum einmal an der Spitze einer Demonstration sehen – doch durch persönliche Kontakte zu bayerischen Politikern konnte er schon Arbeitsplätze retten. Daß »Pendler« auch die Gemeindestrukturen verändern und selbst in Gefahr sind, kirchlich entwurzelt zu werden, ist ihm bewußt.

Noch gibt es keine priesterlosen Sonntagsgottesdienste –

doch viele Gemeinden müßten lernen, ohne Pfarrer auszukommen, sagt Müller. Er ermutigt Pfarrgemeinderäte und Laien zur Eigenverantwortung und sieht ihre Arbeit nicht durch das neue Kirchenrecht gefährdet.
Ob die Kirche eine Sprache spricht, die heute verstanden wird? »Da sind wir alle ein bißchen ratlos«, gibt der Bischof zu; vor allem die Laien hätten aber die Chance, an »Fernstehende« heranzukommen.
In englischer Gefangenschaft erkannte der Sohn eines Augsburger Bankbeamten, wie notwendig ein guter Priester in solcher Situation sei; das festigte den Entschluß, Priester zu werden. Sein Motto heute: »Die Wahrheit in Liebe verkünden.« Wie das geschehen soll? Er zitiert Dürrenmatt: »Man darf

Weihbischof Wilhelm Schraml

geboren:	26.06.1935
Priesterweihe:	29.06.1961
Bischofsweihe:	08.03.1986

Großes »Hallo« im Kindergarten. Der Bischof ist zu Besuch. Die Aufgaben im Amt sind vielfältig und in diesem Fall machen sie auch unverkennbar Freude.

dem anderen die Wahrheit nicht wie ein nasses Handtuch um die Ohren schlagen, sondern man muß ihm die Wahrheit hinhalten wie einen Mantel, in den er hineinschlupfen kann.« Theologisch schätzt Müller den Schweizer Urs von Balthasar - woran man sehen könne, daß er »eher konservativ« sei. Wie immer dies zu verstehen ist - daß es nicht für sein Auftreten gilt, wissen die Leute, seit er begann, »wie ein Wirbelwind« per Kutsche, Sportflugzeug oder am Steuer seines Golf das Bistum zu erkunden.

Die gotischen Domtürme prägen die Stadtsilhouette. Über zweieinhalb Jahrhunderte (13. bis 16. Jahrhundert) zogen sich die Arbeiten an dem Dom hin. Wie in Köln und Ulm wurden die Turmaufbauten der Westfassade erst im 19. Jahrhundert vollendet. Im Inneren sind vor allem beachtenswert die Glasmalereien, die fünf steinernen Baldachinaltäre, der Hochaltar von 1785 und der Ziehbrunnen beim Portal des südlichen Querhauses.

Brücke nach Prag und Konstantinopel

Schon in der römischen Zeit hat das Christentum bei der Besatzung von Castra Regina (Regensburg) und bei der einheimischen Bevölkerung Einlaß gefunden. Vielleicht war es sogar schon damals Bischofssitz, der in den Stürmen der Völkerwanderung unterging. 739 schließlich wurde die Diözese von Bonifatius neu organisiert (und unterstand seit 798 dem Erzbistum Salzburg). Als ersten Bischof bestellte der Heilige Bonifatius den Abt Gaubald von Sankt Emmeram. Das Bild Regensburgs als Civitas Christiana, die es durch Jahrhunderte blieb, ist nicht nur in Denkmälern aus Stein doku-

Bistum Regensburg in Zahlen

Größe (qkm):	14665
Einwohnerzahl:	1544466
davon Katholiken:	1313577
Aktive Geistliche:	833
Ordenspriester (insgesamt):	224
Ruhestandsgeistliche:	168
ständige Diakone:	25
Ordensfrauen:	2694
Ordensbrüder:	164

Bistumspatrone sind die Heiligen Erhard, Wolfgang und Emmeram

mentiert, wie auf jenem Grabmal der Sarmannina, einer frühchristlichen Märtyrerin, das die älteste Inschrift Bayerns aufweist. Es stellt sich auch in der großen Schar seiner Heiligen dar: Wolfgang, Emmeram, Erhard, Albertus Magnus, Berthold; dazu kommen ungezählte Selige.
Nach der Säkularisation fiel das kleine Hochstiftsgebiet 1810 an Bayern und Regensburg, wurde 1818 Suffraganbistum von München und Freising.
Heute ist es *das* Grenzlandbistum der Bundesrepublik mit 200 Kilometern Ostgrenze und einem dicht geschlossenen Eisernen Vorhang zur Tschechoslowakei. Der Heilige Wolfgang hatte 973 Böhmen aus der Jurisdiktion Regensburgs entlassen und so die Gründung des Bistums Prag ermöglicht; heute veröffentlicht die Regensburger Bistumszeitung Leserbriefe des Prager Kardinals Frantisek Tomasek an die Parteizeitung »Tribuna« im Wortlaut, weil er »drüben« totgeschwiegen wird.
In Regensburg ist die »katholische Welt« noch mehr in Ordnung als anderswo: 41 Prozent besuchen die Sonntagsgottesdienste – in 2000 Kirchen und Kapellen; Taufe, kirchliche Beerdigung und Eheschließung gelten als selbstverständlich; das Vereinsleben blüht. Die Idee »Hausgottesdienst« ging von Regensburg aus ebenso wie die »Initiative Namenspatron«. 1849 entstanden hier der erste Arbeiterverein (der sich zur Katholischen Arbeitnehmerbewegung entwickelte) und der Bonifatiusverein für Deutschland. Schließlich wird Regensburg seit 1868 (Pfarrer Franz Xaver Witt) die »kirchenmusikalische Hauptstadt der Welt genannt«. Die »Domspatzen« genießen Weltruf. Hier hat auch der ökumenische Dialog zwischen der Orthodoxie (Konstantinopel) und der römisch-katholischen Kirche schon lange Tradition und einen festen Standort.

Bischof:
Dr. Walter Kasper

geboren:	05.03.1933
Priesterweihe:	06.04.1957
Bischofsweihe und Einführung als Bischof von Rottenburg-Stuttgart:	17.06.1989

Ein Hoffnungsträger, dem die Kirche schmeckt

»Wir wollen keine Restauration. Wir wollen Kirche für morgen, Kirche für das Dritte Jahrtausend aufbauen.«

Als am 17. April 1989 die Nachricht verbreitet wurde, der 56jährige Tübinger Dogmatikprofessor Walter Kasper werde Nachfolger des populären Bischofs von Rottenburg, Georg Moser, herrschte weit über das schwäbische Bistum hinaus Freude und Erleichterung. Und als Walter Kasper am 17. Juni, dem »Tag der deutschen Einheit« im Dom von Rottenburg die Bischofsweihe erhielt, wurde dieser Feiertag auch kirchlich als ein Datum der Einheit empfunden. Der Grund dafür,

Veritatem in carnitate
Die Wahrheit in Liebe

Der viergeteilte Schild zeigt in den Feldern eins und vier in schwarz ein goldenes Balkenkreuz. Dies ist das Wappen des Bistums Rottenburg-Stuttgart. Im zweiten Feld erscheint in blau ein silbernes Haus auf sieben Säulen mit hohem goldenem Dach. In Feld drei erscheint in blau eine silberne Traube an goldenem Rebzweig. Das Haus im rechten oberen Feld ist ein Symbol der Weisheit. Sie erbaut sich nach dem alttestamentlichen Buch der Sprichwörter (9, 1) ein Haus mit sieben Säulen. So wird - gemäß dem Wahlspruch »die Wahrheit in Liebe« - die Kirche durch die sieben Gaben des Heiligen Geistes in Liebe zum Haus der Wahrheit auferbaut (vgl. Eph 4, 15-16). Die Traube im linken unteren Feld erinnert an den hl. Walter, der als Patron der Winzer gilt. Die Traube weist als Symbol auf Jesus Christus (vgl. Joh 15) wie auf die Eucharistie.

ist in vorausgegangenen Bischofsernennungen in Österreich, Deutschland und der Schweiz zu sehen, wo sich die römischen Ernennungen nicht immer mit den Wünschen des jeweiligen Domkapitels und der Öffentlichkeit deckten.
Die Ernennung Professor Walter Kaspers war aber alles andere als eine Sensation. Papst Johannes Paul II. kannte und schätzte den Tübinger Wissenschaftler schon seit langem. So gehörte Kasper zu dem Kreis der Professoren, die der Papst jeweils im Sommer zu Gesprächen in seine Residenz Castelgandolfo einlädt. Der Tübinger Dogmatiker wurde 1985 zum Sekretär der außerordentlichen Bischofssynode ernannt, die sich mit der so wichtigen Bilanz der 25 Jahre seit dem Zweiten Vatikanischen Konzil beschäftigte. Zuvor hatte Kasper im Auftrag der Deutschen Bischofskonferenz als Hauptautor den »Katholischen Erwachsenenkatechismus« verfaßt und betont, daß dieser Katechismus die »Mutter Kirche im Originalton« zur Sprache bringt, aber daß er zugleich den Problemen und Fragen der Zeit nicht aus dem Weg geht.
In dieser Spannung zwischen Problembewußtsein und Kirchlichkeit bewegt sich das Denken und Wirken Walter Kaspers. Bei seiner Abschiedsvorlesung an der Universität Tübingen forderte der Bischof den »intellektuellen Mut, den Glauben weder fanatischem Fundamentalismus, noch denkfaulem ideologisch angehauchtem Soziologismus auszuliefern«.
Wer Walter Kasper deswegen aber unter die theoretischen und stets etwas blassen Vordenker rechnen möchte, würde ihm nicht gerecht. Der körperlich eher kleine und drahtige Bischof besitzt ein fast jungenhaftes Lachen, kann auf Menschen zugehen und vermag einfach und mitreißend zu predigen. So wissenschaftlich-anspruchsvoll der Professor Kasper vom Katheder herab doziert, so volkstümlich-direkt predigt er am Ambo. Noch ist die Zeit zu kurz, um das pastorale Wirken von Walter Kasper als Bischof von Rottenburg-Stuttgart zu beurteilen. Aber seine Predigt im Anschluß an die Weihemesse in Rottenburg, ein Art »Regierungsprogramm«, hat weit über die Diözese hinaus beeindruckt. Ausgehend von Jesus Christus, »unserem Anführer im Glauben«, kam der Bischof auf seinen Wahlspruch »Die Liebe in Wahrheit tun« zu sprechen. - »Das Evangelium ohne Zusätze, aber auch ohne Abstriche, das ist das wichtigste Kapital, welches wir in die Zukunft einbringen können«, versicherte er. Der Weg dazu aber geht über die Kirche. »Ich weiß, dieses Wort Kirche schmeckt vielen nicht«, räumte Kasper ein. Dennoch widerspreche er allen Miesmachern von rechts und links. Kasper zitierte ein Wort des Tübinger Theologen Johann Adam Möhler: »Nehmt die katholische Kirche auch nur in Gedanken aus

der Geschichte des Christentum hinweg und fragt euch, was ihr dann von Christus noch wisset.«

Sein schlichtes und deutliches Bekenntnis: »Ich liebe diese Kirche«, wo im Redemanuskript das »diese« unterstrichen war, fand bei den Teilnehmern der Bischofsweihe langanhaltenden Beifall.

Warum das? Weil es den Gläubigen guttut, wenn ein wissenschaftlich anerkannter Professor nicht an der Kirche und ihrer Führung herummäkelt, sondern sich zu ihr bekennt. Daß sein Denken und Leben mit der Kirche nicht etwa nur der Dank dafür ist, daß er Bischof wurde, hat Walter Kasper mehrfach gezeigt. Seine bekanntesten Veröffentlichungen »Jesus der Christus«, die »Einführung in den Glauben« und »Der Gott Jesu Christi« sind aus dem Denken der Kirche entstanden. Theologie, so hat Kasper immer betont, kann immer nur mit der Kirche gemacht werden. Aber er ist frei genug zugleich die Eigenständigkeit der Theologie zu betonen.« Die Theologie ist nicht der Handlanger des Lehramtes, sondern sein Ausdeuter«, formulierte er das gesunde Spannungsverhältnis zwischen Bischöfen und Professoren. In die gleiche Richtung zielt seine Absage an eine Rückwärtsbewegung in der Kirche: »Wir wollen keine Restauration. Wir wollen Kirche für morgen, Kirche für das Dritte Jahrtausend aufbauen.«

Die meisten Katholiken der Diözese Rottenburg-Stuttgart

Weihbischof Franz Josef Kuhnle

geboren:	27.04.1926
Priesterweihe:	20.07.1952
Bischofsweihe:	27.11.1976

Weihbischof Bernhard Rieger

geboren:	17.12.1922
Priesterweihe:	29.07.1951
Bischofsweihe:	02.02.1985

Bischof Walter Kasper gelingt es schnell, Brücken zu schlagen, wie hier auf dem Empfang nach seiner Bischofsweihe.

werden solchen theologischen Fragen eher gleichgültig gegenüber stehen. Sie freuen sich, daß ihr Bischof aus der eigenen Diözese kommt. In Heidenheim an der Brenz am 5. März 1933 geboren, wuchs Walter Kasper in Wangen im Allgäu auf. Im April 1957 empfing er in Rottenburg die Priesterweihe. Nach Promotion und Habilitation in Tübingen wurde er 1964 ordentlicher Professor in Münster. Neben dem berühmten Jesuiten Karl Rahner lehrte Walter Kasper Dogmatik. Seit 1970 war Tübingen sein Wirkungsfeld.
Die eher beschauliche und ländliche Bischofsstadt Rottenburg, die kritische und impulsive Universitätsstadt Tübingen und die weltmännische und wachstumsorientierte Großstadt Stuttgart - das sind die Pole, zwischen denen sich das Wirken des Bischofs Walter bewegt. Solche Spannungen mag er. Auf sie möchte er antworten. In welchem Stil wird er antworten? Das Hobby, das er bis zu seiner Bischofsweihe ausübte, gibt vielleicht eine Antwort: Walter Kasper hat in seiner Freizeit gerne im Garten gearbeitet. Auch wenn ihm für dieses Hobby jetzt wenig Zeit bleibt. Sein Bischofsamt wird er kaum als Holzhacker, sondern eher als Gärtner ausüben. Die ihn kennen, sind davon überzeugt.

Dom St. Martin, Kathedralkirche seit 1821. Aus mittelalterlichem Bestand sind die Chorteile von 1424 mit erneuertem Gewölbe und der schöne Turm von 1486. Der einheimische Hans Schwarzacher hat ihn nach Plänen des Hans von Bebenhausen geschaffen. Nach dem Brand von 1644 wurde das Langhaus neu aufgebaut. Letzte Restaurierung 1977/78. Seit 1978 ist die Kirche St. Eberhard in Stuttgart Konkathedrale.

Synode '85: Weichenstellung für die Zukunft

Die Gründung der Diözese Rottenburg/Stuttgart (Bistumsheiliger ist Martinus von Tours) ist ein Produkt von Säkularisation und napoleonischer Machtpolitik, durch die die Kirche im südwest-deutschen Raum neu geordnet wurde. Der Inthronisation des ersten Bischofs, Johann Baptist Keller (1828), gingen harte Verhandlungen zwischen Stuttgart und Rom voraus. Damals lebten im Königreich Württemberg 470000 Katholiken, die bisher zu den außerhalb des Landes liegenden Diözesen Würzburg, Augsburg, Konstanz, Speyer und Worms gehörten. Es galt, Frömmigkeitsformen von Schwaben, Fran-

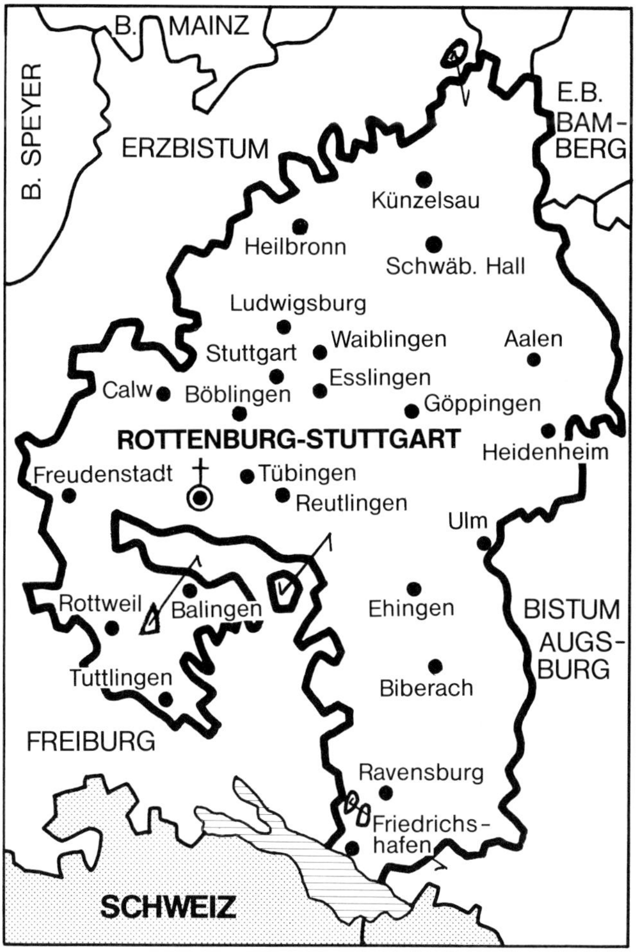

Das Bistum Rottenburg-Stuttgart in Zahlen

Größe (qkm):	19515
Einwohnerzahl:	ca. 5000000
davon Katholiken:	2044000
Aktive Priester:	1201
Ruhestandsgeistliche:	284
ständige Diakone:	110
Ordensfrauen:	ca. 3200
Diözesanpatron:	St. Martin von Tours

ken und Alemannen im »Land der Dichter und Denker« zu verbinden. Zunächst sollte die katholische Stadt Ellwangen Sitz des Generalvikariats sein; damit die jungen Theologen »unter den Augen ihres Bischofs« studieren könnten, richtete König Friedrich dort eine katholische Landesuniversität ein. Doch der Staat verlegte das Generalvikariat nach Rottenburg und gliederte die Katholische Landesuniversität als Katholisch-Theologische Fakultät der Universität Tübingen an, »um konfessionelle Ecken abzuschleifen«. Die junge »Tübinger Schule« stellte sich zeitgenössischen Fragen; und Johann Adam Möhlers Symbolik und Johann Baptist von Hirschers Katechetik eröffneten ökumenische und pastorale Perspektiven, die erst heute voll zum Tragen kommen.

Wie die Theologen kamen auch die Bischöfe aus den eigenen Reihen: Zum Beispiel Carl Joseph Hefele, Kirchenhistoriker, der beim Ersten Vatikanum in Rom Bedenken gegen die Unfehlbarkeit äußerte; Paul Wilhelm Keppler (gestorben 1926), ein vehementer Gegner des Reform-Katholizismus; Johannes Baptista Sproll, der Bekenner-Bischof. Die allmähliche Verständigung mit dem Staat im evangelisch geprägten Württemberg förderte die Selbstbehauptung der Katholiken.

Nach dem Krieg galt es, den zahlreichen Vertriebenen - die Katholikenzahl vervielfachte sich auf 1,6 Millionen - eine neue Heimat zu geben. Es ist bezeichnend für die Diözese, daß sie sich in der Diözesansynode 1985/86 der brennenden Frage der »Weitergabe des Glaubens an die kommenden Generationen« stellte. Dabei spielten bistumsspezifische Schwerpunkte wie die des ökumenischen Dialogs oder der (schon jetzt sichtbar praktizierten) Laienverantwortung in vielen priesterlosen Gemeinden eine wichtige Rolle.

Bischof:
Dr. Anton Schlembach

geboren:	07.02.1932
Priesterweihe:	10.10.1956
Bischofsweihe:	16.10.1983

Als Religionslehrer hat er viel dazugelernt

Als der Generalvikar von Würzburg, Anton Schlembach, 1983 zum Bischof von Speyer ernannt wurde, fragte er sich beunruhigt: »Wie wird man mich aufnehmen? Ich war ja völlig unbekannt, und ich kannte ja auch niemanden.« Seine »Kirchenkarriere« hatte über die Diözesangrenzen hinaus kein Aufsehen erregen können: Kaplanszeit, Direktor des Studienseminars in Aschaffenburg, Regens des Priesterseminars in Würzburg - und zwischen 1969 und 1981 Religionslehrer an einem Hammelburger Gymnasium.

»Ich habe erfahren, daß man auch in einer säkularisierten höheren Schule junge Menschen mit der Gottesfrage konfrontieren kann.«

Deus salus
Gott ist das Heil

Auf blauem Feld eine silberne Wellenleiste, oben eine goldene Sonne, unten ein durchgehendes silbernes Kreuz, das Speyerer Kreuz. Es ist Symbol des Leidens der gesamten Menschheit und zugleich Zeichen unseres Glaubens (blau) und verbindet sich mit der Sonne als Zeichen göttlicher Gnade (Wahlspruch). Alles Auf und Ab des Lebens (Wellenleiste) kommt von Gott (Sonne). Darüber hinaus sind die Speyerer Bistumsfarben blau und weiß (silber) auch die marianischen Farben. Maria ist Patronin der Speyerer Bischofskirche.

Doch die Speyerer haben den »Fremden« mit solcher Offenheit aufgenommen, daß es für ihn »geradezu umwerfend« war. Der Volkscharakter seiner Diözesanen, mit dem das wohl zusammenhänge, ist ihm sichtlich sympathisch: »Lebensfrohe, offene Menschen, die das Herz auf der Zunge haben, nicht reserviert, sondern kontaktfreudig sind.« Sie seien aber auch von jener »positiven Kirchlichkeit« geprägt, die einen Bischof nicht bloß annimmt, weil er sympathisch ist, sondern »weil dies jetzt unser Bischof ist«.

Er selbst ist in solcher Art Kirchlichkeit in der Dorfgemeinschaft im unterfränkischen Großwenkheim aufgewachsen, in einer katholischen Kleinbauernfamilie. Das Dorfleben war religiös bestimmt, die Atmosphäre behütet, »fast eine heile Welt«, fügt Schlembach hinzu. Der Ortspfarrer, »kein mitreißender Mann, aber ein sehr frommer Priester«, hat ihn beeindruckt und dafür gesorgt, daß der zehn Jahre alte Anton nach Würzburg »zum Studieren« geschickt wurde. Ein anderer hat als Präfekt im Internat in ihm den Wunsch verstärkt, Priester zu werden: Julius Döpfner. Später, als Bischof von Würzburg, schickte dieser ihn zum Studium nach Rom, von 1951 bis 1959. Der Germaniker promovierte an der Gregoriana über Joseph Matthias Scheeben, einen Dogmatiker des 19. Jahrhunderts.

Schlembachs wichtigste Erfahrung ist wohl jene als Religionslehrer - die es ihn übrigens selbstverständlich finden läßt, daß junge Leute auch einen Bischof jederzeit kritisch »alles fragen können«. Es muß für Schlembach mit seiner bodenständigen Religiosität, seiner geradlinigen, unkomplizierten Art zu denken, nicht leicht gewesen sein, als er als Religionslehrer spürte, daß man »in dieser säkularisierten, fast agnostisch geprägten Welt« ... »auf einer traditionellen Schiene nichts mehr erreichen, sich nicht mehr verständlich machen kann«.

Bei seinem »Lernprozeß« habe ihm die Transzendental-Analyse Karl Rahners viel geholfen. Mit dessen Gedanken, »daß auch der Atheist im konkreten Lebensvollzug theistisch handelt«, also Gott voraussetzt, hat er bei Jugendlichen ansetzen können. Wenn diese beispielsweise eine absolute Verpflichtung aller Menschen auf den Frieden postulierten, dann könne man ihnen klar machen, daß sich eine solche absolute Verpflichtung nur begründen läßt, wenn sie Transzendenz, Gott voraussetzt. Beglückend habe er dabei erfahren, »daß man auch in einer säkularisierten höheren Schule junge Menschen ernsthaft mit der Gottesfrage konfrontieren kann«.

Gibt es für ihn vor diesem Hintergrund nicht besondere Wege, Konzepte, Fernstehende zu erreichen? Er sehe das jetzt nicht, sagt er schlicht, aber er habe dabei schon an das Ludwigshafe-

Weihbischof Ernst Gutting

geboren:	30. 01. 1919
Priesterweihe:	03. 07. 1949
Bischofsweihe:	12. 09. 1971

ner Kabelprojekt gedacht. Freilich: ob man die Fernstehenden als eigene Kategorie ansprechen soll? Überhaupt, Rezepte, Konzepte: es gebe eben leider keine Patentrezepte, wo auf einmal alles »pastoral vergoldet« werden kann: »Pastoral ist immer eine sehr mühsame, geduldige Angelegenheit.« Andererseits denkt er über neue Wege nach, und seine Reisen nach Indonesien und Afrika haben ihm Anstöße gegeben: »Ich glaube schon, daß wir von denen viel mehr lernen können, als wir bisher pastoral wahrgenommen haben.« Was ihn bei uns beunruhigt, ist neben dem Priestermangel jener an geistlichen Berufen überhaupt - auch davon hänge eine lebendige Kirche ab.

Wie reagiert er in Konfliktsituationen? Durchgreifen sei selbstverständlich immer das zweite; doch: »Die Leute müssen wissen, wie ein Bischof denkt.« Er wolle klar Positionen beziehen. Im übrigen komme es durch das Netz der vielen Beratungsgremien des Bischofs heute seltener als früher zu »offener Konfrontation«.

Nicht nur das dröhnende Lachen, mit dem er manche eigene Bemerkung quittiert, deuten auf Optimismus, sondern auch

»Die Leute müssen wissen, wie der Bischof denkt«, nach dieser Devise scheut Bischof Schlembach vor dem persönlichen Zeugnis nicht zurück. Doch er versteht es, seine Botschaft lachend zu »verkaufen«.

seine Bemerkungen über eine »Veränderung der geistigen Großwetterlage«, von der er überzeugt ist und die ihn an einen Aufbruch unter der Jugend glauben läßt, die auf einmal wieder Gefallen an Wallfahrten und Gottesdiensten findet. Weil auch ein Bischof »nicht Tag und Nacht arbeiten muß«, sucht er, jede Woche einen halben Tag im Pfälzer Wald zu wandern oder wenigstens zwei Stunden zu radeln; er liest Josef Pieper, Guardini und Urs von Balthasar. Den Dom hat der an fränkisches Barock gewöhnte Schlembach als »steingewordene Zusammenfassung mittelalterlicher Theologie« lieben gelernt. In seiner ersten Predigt hat er sich manchen Speyerer mit der in Bayern üblichen Wendung erobert: »Man muß Gott für alles danken, auch für einen Unterfranken.« Längst gibt es schon Spitznamen – was für Popularität spricht, auf die sie stolz sein können, er und sein von Gestalt relativ kleiner Weihbischof Ernst Gutting: »Pünktchen und Anton«.

Der Dom zu Speyer, zwischen 1027 und 1106 erbaut, ist eines der bedeutendsten und größten romanischen Bauwerke Deutschlands. Die Zerstörungen unter dem Sonnenkönig Ludwig IV. 1689 wurden 1772–78 durch Wiederaufbau behoben. Nach der Zerstörung im Zweiten Weltkrieg erhielt der Kaiserdom 1957 wieder seine ursprüngliche romanische Gestalt. Vor allem die Krypta mit den berühmten Kaisergräbern wurde wieder instand gesetzt.

Freundschaft zu Frankreich aufgebaut

Als Konrad II. um 1030 den Grundstein zum heutigen Speyerer Dom legte, konnte die Bischofskirche schon auf eine 400 Jahre dauernde Geschichte zurückblicken: 614 nach Christus wird zum erstenmal ein Speyerer Oberhirte »amtlich« erwähnt, und der Historiker Franz Klimm meint, daß es in Speyer bereits im vierten Jahrhundert einen Bischofssitz mit Kirche gab. Zu politischer und kirchlicher Bedeutung allerdings gelangte Speyer erst unter den Saliern, dank deren Schutzherrschaft es kräftig aufblühte.

In den Wirren der Französischen Revolution ging das Bistum Speyer unter. 1802 kam der rechtsrheinische Teil des Hochstiftes Speyer an Baden, der linksrheinische Teil wurde von Pius VII. der Diözese Mainz zugeteilt. Doch nicht einmal zwanzig Jahre nach seinem Untergang wurde das Bistum schon wieder errichtet. Nachdem die Pfalz mit ihren 430000 Einwohnern 1816 bayerisch geworden war, war auch eine kirchliche Neuordnung nötig. Das bayerische Königshaus sprach deutlich mit. In der Übergangsphase von der französischen zur bayerischen Herrschaft war die Pfalz unter den vier Diözesen Mainz, Metz, Straßburg und Trier aufgeteilt. Die

Das Bistum Speyer in Zahlen

Größe (qkm):	5893
Einwohnerzahl:	1437024
davon Katholiken:	660000
Aktive Geistliche:	362
Ordenspriester:	75
Ruhestandsgeistliche:	113
ständige Diakone:	29
Ordensfrauen:	1390
Ordensbrüder:	14
Missionare:	179

Diözesanpatronin ist die Mutter Gottes (Mariae Himmelfahrt)

Kirche in diesem Aufmarschgebiet, Schauplatz vieler Kriege, war so arm wie die Bevölkerung der Pfalz. Unter dem bayerischen Staatskirchentum - sprich Bevormundung durch den König und die mächtigen Kultusminister - hatte auch das Bistum Speyer oft zu leiden. Heute zeichnet sich die Diözese vor allem durch ihr Eintreten für die deutsch-französische Freundschaft aus. Nach dem Kriege trafen sich schon bald Pfarrer der Grenzgemeinden von hüben und drüben; in jedem Jahr finden deutsch-französische Priestertage statt. Zugleich entwickelte das Bistum schon früh engen Kontakt zur Evangelischen Kirche der Pfalz, deren Territorium seit 1817 mit dem der Diözese identisch ist. Die beiden Kirchenleitungen sind unmittelbare Nachbarn in Domnähe; viele sozial-caritative Aktionen werden gemeinsam unternommen.

Bischof:
Dr. Hermann Josef Spital

geboren: 31.12.1925
Priesterweihe: 06.08.1952
Bischofsweihe: 14.12.1980
Vorsitzender der Kommission für publizistische Fragen

Mit Gesprächen Schwierigkeiten gütlich regeln

»Der Gleichschritt einer Diözese«, sagt Bischof Hermann Josef Spital, seit 1981 Bischof in Trier, »kann nicht darin liegen, daß wir Berge von Papier auf Pfarrer runterregnen lassen.« Die »Basis«, also Pfarrgemeinden, Pfarrverbände, soll selbst planen lernen und dabei keine Scheu vor neuen Methoden haben. Darauf will er in den ersten fünfzehn Jahren seiner Amtstätigkeit hinarbeiten. Konkret: Mit der Fachhochschule sollen Fragebogen entwickelt werden, mit denen die Gemein-

»An den vielen bürokratischen, gesellschaftlichen und gesetzlichen Zwängen, an denen reibe ich mich.«

Redemptor hominis
decus noster
et gloria
Der Erlöser der Menschen ist unsere Zierde und Ehre

Das Wappen stellt eine Verbindung des alten Trierer Bistumswappens - rotes Kreuz auf silbernem (weißen) Grund - mit dem persönlichen Wappen des Bischofs dar.
Beeinflußt wurde er dabei durch die erste Enzyklika von Papst Johannes Paul II. Sie beginnt mit den Worten: »Der Erlöser der Menschen Jesus Christus ist die Mitte des Kosmos und der Geschichte«. Auf einem gespaltenen (zweiteiligen) Schild wurde auf die eine Schildhälfte (golden - gelb) als Erlösungssymbol des Alten Testamentes die eherne Schlange (rot) an der Stange (schwarz) gestellt. Auf der anderen Schildhälfte (rot) steht das Symbol des Neuen Testaments, das Erlöserkreuz Jesu Christi (silbern - weiß). Das alttestamentliche Vorbild der ehernen Schlange übernahm der Bischof auch deshalb gerne als Wappenfigur, weil er aus einer Arztfamilie stammt.

den die Lage am Ort selbst erkunden. Durch eine »aktivierende« Befragung aller - nicht nur der praktizierenden Gemeindemitglieder - sollen die Leute über die Bedürfnisse ihrer Gemeinde nachdenken und dabei »wach werden«. Nach der Auswertung der Ergebnisse können Schwerpunkte der Seelsorge, etwa Jugend- oder Familienarbeit, Gottesdienstbesuch, für drei, vier Jahre festgelegt werden.
»Ich bin jemand, der versucht, den Dingen auf den Grund zu gehen«, sagt Spital; von daher könne man leichter Ansätze zum konkreten Tun finden. So führt ihn das Nachdenken über die Erkenntnis, daß die Menschen heute anders als vor 50 Jahren leben, zu dem Schluß, daß man dem auch durch veränderte Methoden in der Seelsorge begegnen müsse. Dies wiederum könne ein Priester am Ort nicht im Alleingang leisten. Er spendet einem Pfarrer, der entmutigt ist, weil er 20 Prozent weniger Kirchenbesucher hat als vor zehn Jahren, keinen billigen Trost, daß dies schon wieder in Ordnung komme. Stattdessen ermutigt er zur Zusammenarbeit mit den neuen pastoralen Berufen, zu missionarischen Impulsen und Lernprozessen. Gleichzeitig warnt er vor rigorosen Maßnahmen - etwa der Verweigerung von Taufe oder Trauung.
Damit kein Mißverständnis entsteht: Bischof Spital redet nicht einer oberflächlichen Anpassung das Wort, sondern neuen Wegen, damit die Menschen da »abgeholt« werden, wo sie jeweils stehen. Dieses Zugehen auf die subjektive Situation ist bei ihm keineswegs zufällig oder eine gefühlsmäßige Sache, sondern Folge eines »personalen Denkens«.
Er beschreibt dort, wie er früher auf Fragen »Ist dieses oder jenes erlaubt oder nicht?« jeweils mit Ja und Nein antwortete. Dabei habe er das fatale Gefühl gehabt, den Gesprächspartner in seinem Empfinden nicht zu erreichen. Nach vielem Nachdenken sei ihm klar geworden, daß schon diese Art der Fragestellung dem Empfinden des Antwortsuchenden von heute kaum noch entspricht. So fragt er jetzt zurück: »Erlaubt - für wen?« Wenn jemand den Menschen etwa nur für ein höher entwickeltes Tier halte, »wer soll dann etwas erlauben oder verbieten?« Spital meint mit diesem Bild, daß man sich hüten muß - auch in der Kirche - vor objektivistischen Antworten, denn: »Der Mensch ist nicht objektiv.« Auf dieser neuen Ebene des Argumentierens werde wirklich ein Gespräch möglich.
Gespräche schätzt Spital offenbar: »Ich halte immer weniger vom harten Durchgreifen und immer mehr vom Gespräch. Ich muß da richtig lernen. Wenn man spricht, dann stellt man staunend fest, daß man doch eine Menge Dinge gütlich regeln kann.« Diese Gesprächsbereitschaft hat wohl auch einiges

von der Skepsis mancher Trierer abgebaut, die sie dem aus dem Münsterland an die Mosel exportierten Westfalen entgegenbrachten. Der Wunsch des 1925 in Münster geborenen Arztsohnes aus einer Familie mit sieben Kindern, nach der Priesterweihe 1952 Gemeindeseelsorger zu werden, wurde immer wieder durchkreuzt. Nach nur kurzer Zeit in einer Arbeiterpfarrei wurde er in Münster bischöflicher Kaplan bei Michael Keller, später Subregens des Priesterseminars, Leiter der Seelsorgeabteilung, Generalvikar und schließlich 1980 Weihbischof. Dazwischen lagen die Promotion über den Taufritus und kurze Zeiten als Pfarrer und Dechant in Dülmen.

Er wollte ein Bischof der Seelsorge werden und versprach, alle Priester kennenzulernen und besucht sie seither unermüdlich. Mit fast englisch klingender Untertreibung sagt er, er habe den Eindruck: »Ich werde akzeptiert; ich komme ja schließlich von weit weg.« Gemeint ist damit wohl, daß er sich durch seine Gespräche viel Zuneigung erworben hat.

Den Dingen auf den Grund gehen und dann konkret handeln: So dürfte auch die von ihm »erfundene« Solidaritätsaktion Arbeit im Bistum Trier entstanden sein. Spital geht es

Wie allen Bischöfen liegt dem Trierer Bischof Hermann Josef Spital die Sorge um den Priesternachwuchs besonders am Herzen. Die Erteilung der Priesterweihe ist ein hohes Fest im bischöflichen Alltag. Bischof Spital bemüht sich wie viele »Amtskollegen«, alle Priester seines Bistums persönlich kennenzulernen.

Weihbischof Karl-Heinz Jacoby

geboren:	11.08.1918
Priesterweihe:	18.12.1948
Bischofsweihe:	11.06.1968

Weihbischof Dr. Alfred Kleinermeilert

geboren:	30.03.1928
Priesterweihe:	10.10.1953
Bischofsweihe:	11.06.1968

Weihbischof Leo Schwarz

geboren:	09.10.1931
Priesterweihe:	31.07.1960
Bischofsweihe:	28.03.1982

nicht nur um Finanzierung von Hilfsmaßnahmen, sondern ebenso um Bewußtseinsbildung. Das Nachdenken hat ihn viele originelle Ideen entwickeln lassen - mit denen er dann aber fast immer an arbeits- und sozialrechtliche Grenzen stieß, obwohl man ihm immer wieder die Vernünftigkeit seiner Vorschläge zusicherte. Konsequent sagte er dann in einem Gespräch mit der Saarbrücker Zeitung: »Unsere gute Sozialgesetzgebung wird jetzt zu einer Fessel.« Prompt machte er mit dieser systemkritisch klingenden Äußerung Schlagzeilen. Doch er steht weiter zu seiner Kritik und vertrat sie auch gegenüber dem Kanzler und dem Arbeitsminister.
Spital kann nicht sagen, daß er sich über etwas »ärgert« - er gibt sich Mühe, gelassen zu sein. Doch: »An den vielen bürokratischen, gesellschaftlichen und gesetzlichen Zwängen, an denen reibe ich mich.« Wer so denkt, wird er sich nicht eines Tages auch an gewissen Verhärtungen einer überorganisierten Kirchenstruktur reiben? Es würde nicht wundern, wenn sich der Trierer Oberhirte eines Tages mit der ihm eigenen intellektuellen Klarheit dazu äußerte . . .

Der Dom steht mit der benachbarten Liebfrauenkirche an der Stelle und auf den Fundamenten des römischen Kaiserpalastes. In dem heutigen Dom steckt noch der römische Kern aus dem vierten Jahrhundert; er wurde im 11. Jahrhundert um den romanischen Westbau, im 12. Jahrhundert um den Ostchor und im 13. Jahrhundert um den Kreuzgang erweitert. Vielleicht schon seit römischer Zeit wird in dieser ältesten deutschen Bischofskirche der Heilige Rock, der Leibrock Christi, aufbewahrt.

Älteste Diözese auf deutschem Boden

Schon gegen Ende des 2. Jahrhunderts hatte die römische Siedlung Augusta Treverorum eine Christengemeinde; der erste Bischof, Eucharius, ist Mitte des 3. Jahrhunderts nachweisbar. In Trier wurde Ambrosius geboren, studierte Hieronymus, fand der verbannte Athanasius Aufnahme. Kaiser Konstantin erhob die Stadt zur Kaiserresidenz. Nach 480 erhielt das Erzbistum seine größte Ausdehnung; die Diözesen Metz, Toul, Verdun, das heutige Luxemburg und Teile Belgiens gehörten dazu - im Osten reichte es bis nach Gießen. Das Erzbistum wurde Kurstaat; seine Bischöfe mischten als Kurfürsten in der großen Politik mit, bis ihre weltliche Macht im Dreißigjährigen Krieg und in der Säkularisation dahinschmolz. Die Erzdiözese wurde von den Franzosen zerschlagen und 1824 vom Vatikan neu umschrieben.

Das älteste Bistum auf deutschem Boden mit der ältesten Bischofskirche ist heute in zehn Regionen gegliedert; die Mehr-

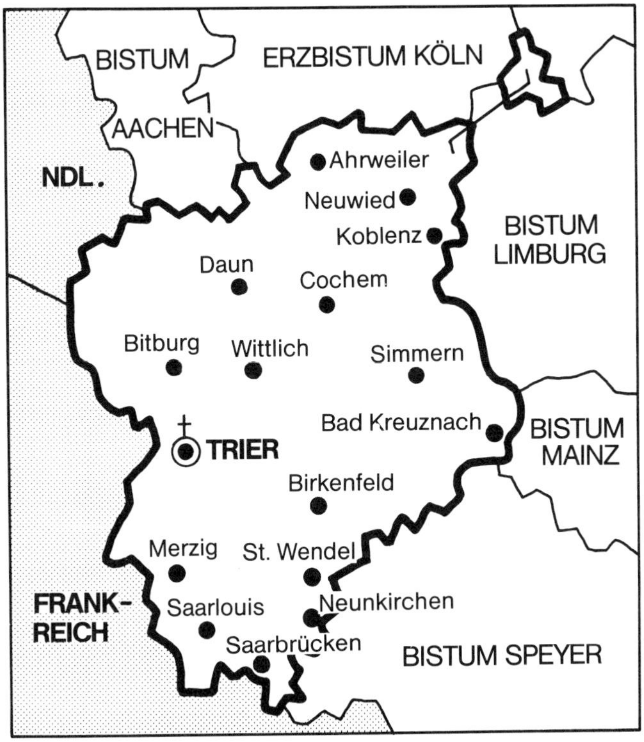

Das Bistum Trier in Zahlen

Größe (qkm):	12870
Einwohnerzahl:	2480000
davon Katholiken:	1765000
Aktive Geistliche:	857
davon Ordenspriester:	156
Ordenspriester (insgesamt):	439
Ruhestandsgeistliche:	226
ständige Diakone:	63
Ordensfrauen:	3416
Ordensbrüder:	325

Bistumspatron ist der Hl. Apostel Matthias

zahl der Dekanate arbeitet in Pfarrverbänden. Mehr als ein Drittel der Gemeinden - viele kleine in der Eifel und im Hunsrück - haben keinen Priester mehr. Auch deshalb fördert die Bistumsleitung den Einsatz von Diakonen, Gemeinde- und Pastoralreferenten. Man hat im Grenzland, das oft vom Krieg überrollt und über viele Generationen hinweg wirtschaftlich klein gehalten wurde, nicht vergessen, wie weh Armut tut. Solidarität äußert sich nicht nur durch eine Patenschaft für Sucre, Bolivien. (Über 10 Millionen Mark wurden bisher für Bolivien zusammengetragen.) Solidarität zeigt sich auch in phantasievollen und erfolgreichen Initiativen für die Arbeitslosen im eigenen Land, etwa die »Aktion Arbeit«. Daß alle Probleme dennoch auch mit einem Stück Gelassenheit angegangen werden, mag mit dem Wein zusammenhängen, der in so vielen Gebieten des Bistums an Rhein, Sieg, Ahr, Mosel, Nahe und Saar wächst.

Bischof:
Dr. Paul-Werner Scheele

geboren:	06.04.1928
Priesterweihe:	29.03.1952
Bischofsweihe:	09.03.1975

Vorsitzender der Kommission für ökumenische Fragen

Mit Fingerspitzengefühl im Konzert der Ökumene

»Für mich ist die biblische Offenbarung eine Offenbarung der Freiheit. Alles, was wir von Christus wissen, ist in der Freiheit begründet“, sagt der Würzburger Bischof Paul-Werner Scheele auf die Frage, wo für ihn als Oberhirten in Auseinandersetzungen die Grenzen liegen. Er will nicht einem liberalen Laissez-faire das Wort reden, doch er sei immer ein Freund der Freiheit gewesen und habe da »einen relativ langen Atem«. Im übrigen: »Ich bin als Bischof und nicht zum Richter bestellt. Ich bin für alle da.«

»Manche Ökumenepapiere sind wie Saatgut, das in der Scheune bleibt.«

Pax et gaudium
Friede und Freude

Das Wappen zeigt im oberen Feld ein rotes Kreuz auf weißem Grund: Jesus ist unser Friede und unsere Freude. Das Hasen-Motiv im unteren Teil verweist auf den Urgrund und das Ziel unseres Lebens: Die drei Hasen sind einander zugeordnet, so daß jeder zwei Ohren hat, es insgesamt aber nur drei sind. Jeder ist mit jedem verbunden, jeder gibt und empfängt. Dieses Miteinander ist ein Sinnbild des dreifaltigen Gottes. Das Hasen-Symbol erinnert auch an die Herkunft von Bischof Scheele aus dem Erzbistum Paderborn, in dessen Dom sich ein berühmtes Hasenfenster befindet.

Der Sohn eines kaufmännischen Angestellten wurde 1928 in Olpe geboren, kennt Würzburg schon vom Studium und war zwischen 1970 und 1975 hier Ordinarius. Der Westfale hat »von Anfang an das Frankenland gemocht - einschließlich Frankenwein«. Wie weit diese Zuneigung geht, mag ein Bildband über »Tilmann Riemenschneider - Zeuge der Seligkeiten« zeigen, zu dem er den Text geschrieben hat. Das Riemenschneider-Buch ist für ihn ein Stück Seelsorge; er will damit nicht den Historikern Konkurrenz machen. Der Bildschnitzer gilt ihm als einer, der Zeugnis gibt. »Die Antennen sind wieder in diese Richtung gestellt - eine gesunde Reaktion auf das Fehlverhalten nach dem Krieg.« Er meint damit, daß man begreife, wie gefährlich es ist, das Gedächtnis zu verlieren, was auch ganzen Gemeinden zustoßen könne. »Wenn wir unsere Vorväter vergessen, dann machen wir eine Kirchenspaltung.«

Als Bischof, der Kunst, Konzert und Oper liebt, preist er die Dommusik und die vielen aktiven Sänger, auch unter der Jugend, in der musikalischen Mainmetropole.

Daß alle - einschließlich der Kleriker - gern in das Zentrum Würzburg kommen, hat Nachteile: Er muß manchen bewegen, im »flachen Land« zu bleiben; und auch diejenigen, die studieren, sollen nicht »Stubengelehrte« werden, sondern - wie einst er selbst - in der Pfarrei draußen verwurzelt. »Es geht um ein hilfreiches Miteinander von Wissenschaft und Pastoral.«

Im Bistum gibt es zahlreiche vakante Pfarrerstellen - mit oft winzigen Pfarreien. Er hat sich eindeutig für das Konzept der Pfarrverbandsarbeit entschieden und gegen die Gründung neuer Großpfarreien wie anderswo. Verbindliche Formen von Kooperation müssen dafür geschaffen werden - dies freilich gehe nicht mit Gewalt und müsse »am Ort bejaht werden«.

Besonders hebt er die bistumsspezifische Missionsarbeit hervor, nicht nur in Orden und Instituten; dazu gehört auch, daß er mit Jugendpfarrern, Katecheten und Seelsorgeamtsleitern vier Wochen ins Partnerland Indonesien fuhr - um »von ihnen zu empfangen«. »Ich habe immer was gegen Einbahnstraßen.« Dieses Bild verwendet Scheele auch gern im Zusammenhang mit seiner Arbeit als Ökumene-Bischof, durch die er weit über die Diözesangrenzen hinaus bekannt ist.

Ernsthaft begonnen hat dies alles - nach zehn Jahren Arbeit des Jungpriesters (unter anderem als Berufsschullehrer) - mit einer Promotion über »Johann Adam Möhlers Lehre von der Einheit der Kirche und ihre Bedeutung für die Glaubensbegründung«. Er war damals Assistent an der Universität Würzburg, war dann Sektionsleiter am Möhler-Institut für Ökume-

Emeritierter Weihbischof Alfons Kempf

geboren:	30.01.1912
Priesterweihe:	28.02.1937
Bischofsweihe:	25.02.1960

nik in Paderborn und begleitete auch Kardinal Lorenz Jaeger zum Konzil. Seit 1975 Weihbischof in Paderborn, übertrug ihm die Bischofskonferenz die Ökumene-Kommission und die Führung der offiziellen Theologischen Gespräche mit der Vereinigten Evangelischen Lutherischen Kirche Deutschlands. Man kann die ökumenischen »Posten« kaum aufzählen, die Scheele innehatte und innehat. Sie lassen ihm, der gerne wandert und schwimmt, nicht einmal Zeit für Ferien.
Derzeit Leiter der nach dem Papstbesuch eingerichteten Gesprächskommission und stellvertretender Vorsitzender der Arbeitsgemeinschaft christlicher Kirchen, ist er sicher, daß vor nicht allzu langer Zeit das Lutherjubiläum nicht so harmonisch hätte begangen werden können: »Ich kann mich an keinen Mißklang erinnern, der katholischerseits provoziert worden wäre.« Doch ist er überzeugt: »Es geschieht noch lange

Weihbischof Helmut Bauer

geboren:	18.03.1933
Priesterweihe:	21.07.1957
Bischofsweihe:	14.10.1988

Der Ökumenebischof Paul-Werner Scheele, der während eines Katholikentages mit Protestanten und Orthodoxen in einer Friedenskette steht, ist weit über die Diözesangrenzen hinaus bekannt.

nicht genug« und fragt: »Entwickeln wir genügend Phantasie?«
Manche Ökumene-Papiere sind für ihn wie Saatgut, das in den Scheunen bleibt. Er rechnet freilich auch mit »Schlägen«, wenn er als Bischof ein Papier unterschreibt - etwa im Dialog mit dem Lutherischen Weltbund: »Einheit vor uns«. Das sei keine Vorhersage, sondern bedeute: Einheit als Aufgabe. Damit meint er nicht eine Rückkehr-Ökumene nach dem Motto: »Wir reißen die Türen von Sankt Peter auf, und dann kommen alle her wie nach Canossa.« Es gehe um Weitervereinigung - nicht Wiedervereinigung.
Scheele predigt ausgesprochen gern in einer verständlichen, plastischen Sprache, und wenn er einen schlimmen Arbeitstag hinter sich hat, setzt er sich ans Klavier und spielt eine Sonate. Auch dafür gab es schon ökumenischen Beifall: als der evangelische Würzburger Stadtdekan Martin Elze auf der Violine spielte, begleitet von Scheele auf dem Klavier. »Neue Töne in der Ökumene«, meinte dazu eine Zeitung. Man schätzt Scheele in den getrennten Kirchen als einen realistischen, verläßlichen, wenn auch nüchternen Musikus.

Im Häusergewirr der enggedrängten Würzburger Altstadt steht der Dom, der in seiner äußeren Architektur aus der salischen Zeit stammt. Die im 11./12. Jahrhundert erbaute Basilika war am 16. 3. 1945 zusammen mit der ganzen Stadt von Bomben zerstört worden. Im Inneren des wiederaufgebauten Domes verbinden sich mittelalterliche Bildwerke, barocker Stuck und moderne Ausstattung harmonisch miteinander. Von 1972 bis 1975 tagte hier die Synode der deutschen Bistümer.

Von der Fürstenkirche zur Volkskirche

Vor etwa 1300 Jahren fand der irische Wanderbischof Kilian 689 mit seinen Gefährten Colonat und Totnan den Märtyrertod in Würzburg im überwiegend heidnischen Franken. Die Kiliani-Wallfahrt im Juli erinnert bis heute an den Bistumspatron. 742 errichtete dann der heilige Bonifatius das Bistum, das nach Osten für die Slawenmission offen war und nach Westen bis an den Neckar reichte. Der erste Bischof, der heilige Burkard, war Angelsachse. Zum »Einstand« erhielt Würzburg von Karlmann 25 Gotteshäuser, die »Königskirchen«. Jahrhundertelang haben die Fürstbischöfe Würzburg zu einem geistlichen, kulturellen und politischen Mittelpunkt mit Konzilien und Synoden, Reichs- und Fürstentagen gemacht. Zu den herausragenden Bischöfen gehören St. Bruno, Initiator des Kiliandomes und Verfasser eines Psalmenkommentars und St. Adalbero, der für die Freiheit der Kirche im Investitionsstreit kämpfte. Viele Kriege erschütterten das Land, bis Rudolf von Scherenberg im 15. Jahrhundert geordnete Verhältnisse schuf - beste Arbeitsvoraussetzungen auch für den Schnitzer Tilman Riemenschneider, der die fränkische Kunst-

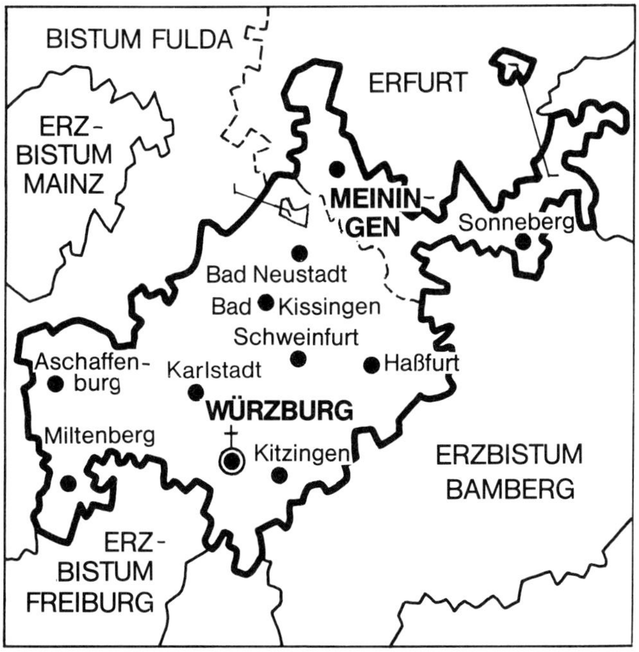

Das Bistum Würzburg in Zahlen

Größe (qkm):	
(ohne Thüringer Teil)	8535
Einwohnerzahl:	1202711
davon Katholiken:	903563
Aktive Priester:	468
Ordenspriester:	231
Ruhestandspriester:	141
ständige Diakone:	77
Pastoralreferenten/innen:	82
Gemeindereferenten/innen:	76
Ordensfrauen:	2578
Ordensbrüder:	192
Diozesanpatron: St. Kilian	

landschaft prägte. Nach der Reformation waren dann fast alle nicht dem Bischof als Landesherrn unterstellten Gebiete protestantisch - bis zur Gegenreformation unter dem berühmten Bischof Julius Echter von Mespelbrunn, der unter anderem auch die Universität und das Juliusspital gegründet hat. Im Dreißigjährigen Krieg gab es viele Märtyrer - darunter den 1974 seliggesprochenen konvertierten Pfarrer Liborius Wagner.

1803 fiel das Bistum der Säkularisation zum Opfer und wurde 1821 in seiner Form von heute gebildet, etwa dem bayerischen Bezirk Unterfranken entsprechend. (In der DDR liegen die Dekanate Meiningen und Saalfeld.)

Würzburg war 1848 Tagungsort der ersten Deutschen Bischofskonferenz; und 1972 bis 1975 traf sich hier die Synode der deutschen Bistümer. Der »Theologische Fernkurs« der Domschule Würzburg ist über die Diözesangrenzen hinaus bekannt. Dem zunehmenden Priestermangel versucht man zu begegnen: Es gibt mehr als 40 Diakone und doppelt so viele Pastoral- und Gemeinde-Assistenten, dazu 430 ausgebildete Wortgottesdienst-Leiter. Im Wallfahrtsland Würzburg sieht man sich auf dem Pilger-Weg von der »Fürstenkirche« zur Kirche des Volkes.

Dr. Joseph Kardinal Ratzinger

Präfekt der Kongregation für die Glaubenslehre

geboren:	16.04.1927
Priesterweihe:	29.06.1951
Bischofsweihe:	28.05.1977

Vom Konzils-Teenager zum zweiten Mann in Rom

Wachhund des Papstes, Großinquisitor, Glaubenswächter: so oder ähnlich lauten Beinamen, die Joseph Kardinal Ratzinger in seiner Funktion als Präfekt der Vatikanischen Glaubenskongregation in Rom schon gegeben worden sind. Wer ist dieser Mann, der nach dem Papst als zweiter im Vatikan gilt und durch seine Rolle bei der Diskussion um die Befreiungstheologie 1984/85 der weltweit bekannteste deutsche Bischof geworden ist?

»Hinter den prächtigen Mauern der Institution leben die Leute mehr im Geist der Armut des Evangeliums als viele Leute wissen.«

Cooperatores veritatis
Mitarbeiter der Wahrheit

Der Mohrenkopf ist der »Freisinger Mohr«, Wappen des Fürstentums Freising und zugleich das Wappen des 1817 neueingerichteten Erzbistums München-Freising. Der Bär mit dem Packsattel soll die Verbundenheit mit dem Freisinger Patron (»Korbiniansbär«) ausdrükken und zugleich die Bürde des Amtes versinnbilden. Die Muschel bezieht sich auf die Augustinus-Legende, nach der das Meer der Gottheit unerschöpfbar ist. Zugleich ist sie als »Pilgermuschel« Zeichen des pilgernden Gottesvolkes. Im dritten Feld des Wappens sind die Landesfarben Bayerns, Silber und Blau, zu sehen.

Der Sohn eines Gendarmeriemeisters aus Marktl am Inn, Jahrgang 1927, hat als Leiter der Nachfolgebehörde der Inquisition heute die wichtigste »innenpolitische« Funktion im Vatikan inne. Weltlich gesprochen, war seine Karriere steil: Mit 24 Jahren Priesterweihe und Tätigkeit als Privatdozent in München und Freising, zwei Jahre später Promotion, vier Jahre darauf Habilitation. Anschließend lehrt er in Bonn, Münster und Tübingen. Mit 35 Jahren wird er Berater des verstorbenen Kölner Kardinals Frings auf dem Konzil. Der »Konzils-Teenager«, wie man ihn ob seines Alters apostrophierte, wird wohl nicht unschuldig gewesen sein an den heftigen Attacken von Frings, der die Methoden der damals noch »Heiliges Offizium« genannten Glaubenskongregation »weder fair noch gerecht« nannte, »einen Skandal für die Welt«.

Ratzinger machte sich schnell mit seinen theologischen Publikationen weltweit einen Namen als Wissenschaftler. Mit 50 Jahren wird er Nachfolger von Kardinal Julius Döpfner als Erzbischof von München und Freising, und schon vier Wochen später wird seine Erhebung in den Kardinalsstand angekündigt.

Ratzingers Wechsel nach Rom 1981 erregte die Kommentatoren – nicht nur, weil damit ein wichtiger Schritt zur Internationalisierung der Kurie getan war. Erleichterung bei jenen, denen die nachkonziliare Entwicklung in falsche Bahnen zu laufen schien: Sie sahen in dem Altbayern vor allem jenen »Konservativen«, der Einspruch gegen die Ernennung des »Befreiungstheologen« Johann Baptist Metz auf einen Münchner Lehrstuhl erhoben hatte, und ohne dessen Billigung Küng die Lehrerlaubnis kaum entzogen worden wäre. Skepsis bis Furcht bei den anderen, die mit einem Hagel von Lehrverboten aus Rom rechneten.

Daß es nicht ganz einfach ist, eine Audienz beim »Glaubenspräfekten« (wie er sich einmal unwidersprochen nennen ließ) zu erhalten, versteht sich; in seinem Hause geben sich die höchsten kirchlichen Würdenträger aus aller Welt täglich und stündlich die Türklinke in die Hand. Die meisten Bischöfe, die dem Papst beim vorgeschriebenen »ad limina«-Besuch ihre Aufwartung machen, lassen sich auch in der Glaubenskongregation sehen.

Der »Palazzo del Sant'Uffizio«, nahe dem Petersdom, in dem Ratzinger residiert, ähnelt weniger einem »Palast« als einem altmodischen Bürobau und kein attraktiver Schweizer Gardist geleitet den Gast durch irgendeine Flucht prunkvoller Gemächer, denn die Glaubenskongregation steht nicht auf vatikanischem Staatsboden. Der Weg über den Hof zum ratternden Aufzug älteren Baudatums muß allein gefunden werden; abgewetzter Brokat auf den Barockstühlen im Empfangszimmer erinnert an verarmte Adelsfamilien. Hinter den prächtigen Mauern der Institution, sagt der Kardinal, lebten die Leute mehr im Geist der Armut des Evangeliums als viele Leute wissen; er wirkt heiterer, gelöster, als man ihn aus Münchner Zeiten in Erinnerung hat. Er erwähnt, daß Kurienpriester nicht gerade in materiellem Luxus leben; viele borgen ihre Bücher aus der Bibliothek und wohnen zur Untermiete.

Natürlich ist Ratzinger nicht aus äußerlichen Gründen dem Ruf des Papstes nach Rom gefolgt. Er habe schon bei der Priesterweihe gewußt, daß von nun an »nicht mehr ich bestimmen werde, sondern daß ich mein ›Ja‹ einlösen muß«. Das hat auch für die Ernennung zum Erzbischof in München gegolten: Dieses Amt habe ihm ferngelegen, vom Temperament wie von der bei sich vermuteten Eignung für die Aufgabe her. Als es dann um die Position in Rom ging, überredete ihn Johannes Paul II. mit den Worten: »München ist wichtig, aber die Weltkirche ist wichtiger.«

Braucht man heutzutage überhaupt so etwas wie eine Glaubenskongregation? Ratzingers Antwort erläutert auch gleichzeitig das Verständnis von seinem Amt. In einer »pluralen Zeit«, in der »in einer weltweiten Kirche die vielfältigsten Elemente am Leben sind«, bestehe die Gefahr eines Verlustes an innerer Einheit. Hier »müssen Mechanismen gesucht werden, die für den Zusammenhang sorgen«. Aufgabe der Glaubens-

Weltweite Aufgaben bestimmen den Tagesablauf des Kurienkardinals Joseph Ratzinger. Das Foto zeigt ihn während der außerordentlichen Bischofssynode im Herbst 1985 zwischen Kurienkardinal Gantin (links) und dem Erzbischof von Hanoi, Kardinal Thrin van-Can.

»Wenn ich meine Aufgabe recht verstehe, geht es einfach darum, dem Petrusamt zu dienen.«

kongregation sei es, diese Entwicklung zu begleiten in der Spannung zwischen der Erkenntnis, »daß Glaube in Bewegung sein muß«, aber »Identitätselemente nicht verlorengehen dürfen«.

Welchen Spielraum haben dann etwa die sich neu entwickelnden Theologien in Afrika, in Asien? Auch hier wieder eine einerseits-andererseits-Antwort. Rigorose Ablehnung oder Zustimmung ist von dem klugen Intellektuellen, der den Theologieprofessor nicht verleugnen kann und seine leisen Worte mit beredten Gesten der feingliedrigen Hände begleitet, nur in Ausnahmefällen zu erwarten. Das Postulat, daß Afrika und Asien versuchen, ihre eigene Identität auszuprägen, sei unbestritten. Doch »eine Theologie kann man nicht von heute auf morgen schaffen«; vielmehr seien dies Assimilationsprozesse, ein langer Weg. Entscheidend ist, daß »es sich bei diesen Theologien um Weisen der Anerkennung des *einen* Christus handelt«.

Alles deutet darauf hin, daß Ratzinger, dem Wunsch des Papstes entsprechend, sein Präfektenamt nicht nur defensiv, sondern »positiv stimulierend« verstehen will. Hierzu dürfte vor allem die internationale Theologen-Kommission beitragen.

Man geht wohl nicht fehl in der Annahme, daß die Symposien solcher Kommissionen »Lieblingskinder« des theologischen Wissenschaftlers Ratzinger sind. Dort sollen – ohne Entscheidungsdruck – die oft gegenläufigen theologischen Positionen sondiert werden. Dialog, nicht nur mit den Bischöfen, ist ein immer wiederkehrendes Stichwort, auch wenn es um die Prüfung von Schriften geht, die keineswegs immer nur auf Initiative besorgter Bischöfe zustande kommt: »Für mich ist es eine bewegende Erfahrung, wie viele einfache Menschen, aus der persönlichen Verunsicherung wohl, schreiben.« Hier spricht der »alte« Ratzinger, der es sich schon immer angelegen sein ließ, den Glauben der »einfachen Leute« gegen allzu rationale, komplizierte, kritische Theologendarstellungen zu verteidigen.

Wie soll man als normaler Gläubiger die Fehlurteile einordnen, die einer solchen Behörde unterlaufen können – man denke nur an Galilei? Auch ein Pfarrer mache Fehler und bleibe Hirte trotz seiner Fehler. »Es gehört zur Demut der Kirche, daß sie die Demut der Korrigierbarkeit haben muß«, das heißt, »daß wir auch selber dies wissen und größere Behutsamkeit in unser Handeln einbringen müssen.« Von »Scheinprozessen«, in denen Fehler nachträglich korrigiert werden, hält er aber offenbar nicht viel.

Besteht Hoffnung, daß der Bann gegen Luther bald aufgehoben wird? Auch hier Zurückhaltung. Rein rechtlich und sach-

lich sei der Spruch korrekt gewesen. Da es sich nicht um eine »persönliche Schikane gegen Luther« gehandelt habe, da der Bann »Teil eines tiefen, sachlichen Zwistes« gewesen sei, müßte die Lösung des Bannes ausdrücken, daß hier schon »eine gewisse Perspektive« gefunden worden sei: sie müßte Schlußstein einer Entwicklung zur Einheit sein, nicht symbolischer Beginn.
Zwei Jahre nach diesem Gespräch mit Kardinal Ratzinger, in dem er auch andeutete, daß zukünftig bei beanstandeten Schriften eines Theologen gemeinsam mit den nationalen Bischofskonferenzen entschieden werden solle, ist er in die Schlagzeilen geraten, vor allem durch eine »Instruktion über einige Aspekte der Theologie der Befreiung«, veröffentlicht von der Glaubenskongregation. »Gewisse Formen« dieser Theologie hatte Ratzinger als »von verschiedenen Strömungen des marxistischen Denkens gespeist«, abgelehnt.
Vorausgegangen war ein schon 1983 namentlich nicht gezeichneter Artikel in der peruanischen Zeitschrift »Oiga«, in dem der später als Ratzinger identifizierte Autor heftig mit der Theologie der Befreiung ins Gericht ging. 1984 folgte dann der Entzug der Lehrerlaubnis für verschiedene Befreiungstheologen, und nach der Veröffentlichung der Instruktion ein als »Maulkorb« viel kritisiertes »Bußschweigen«, das die Glaubensbehörde dem führenden Befreiungstheologen Leonardo Boff auferlegte. (Als Anlaß für die Maßnahme wurde allerdings seine Kirchenkritik in dem Buch »Kirche, Charisma und Macht« genannt.)

Der Kardinal aus Deutschland besitzt das besondere Vertrauen des Papstes. Nach dem Wunsch des Papstes will Ratzinger sein Präfektenamt nicht nur defensiv ausüben, sondern »positiv stimulierend«.

Gleichgültig, ob man das Vorgehen Ratzingers lobt oder tadelt - es hat mit seiner offenbar wachsenden Besorgnis um die Kirche zu tun. Und es ist wohl kein Zufall, daß er in einem als Buch (gleichzeitig in mehreren Sprachen) erschienenen Interview »Zur Lage des Glaubens« gleichsam die Begründung für seine Handlungsweise vorlegte: Er sieht die Kirche in einer tiefgreifenden Krise, die »behandelt und geheilt werden muß«. Es ist von Häresien, Dekadenz, Zerfall die Rede, die in den letzten zwanzig Jahren seit dem Konzil eingesetzt hätten. Aus dem Konzil sei ein »Konzilsungeist« geworden. Statt eines »Sprungs nach vorne« sei ein »fortschreitender Verfallsprozeß« in der Kirche zu beobachten. David Seeber, Chefredakteur der in Freiburg erscheinenden angesehenen Herder-Korrespondenz, bedauert in diesem Zusammenhang, daß ein »in Deutschland um Theologie und Kirche so hoch angesehener Mann wie Ratzinger so gar keine Zuneigung zur *suchenden* Christenheit der Nachkonzilszeit erkennen läßt . . .«

Viele sagen, daß Ratzinger, der im übrigen auch kein Freund demokratischer Strukturen in der Kirche ist und sich deshalb schon früh aus der Synode der Bistümer zurückzog, ein enttäuschter Reformer ist. Dennoch nennt der Kardinal im Gespräch auch eine Reihe von nachkonziliaren Entwicklungen, die er positiv einschätzt: Das neue Verständnis von Kollegialität, die Aktivierung der Laien, charismatische Bewegungen, neue Berufungen nicht nur in der Zweiten und Dritten Welt.

Bleibt ihm bei aller Behördenarbeit noch Zeit für Seelsorge? Sicher nicht im herkömmlichen Stil; doch bestehen noch Bande zum Doktorandenkreis früherer Jahre, in dem menschliche Beziehungen und Verpflichtungen gewachsen sind; und schon im Bischofsamt habe sich eine Art »Brief-Seelsorge« entwickelt. Er freut sich außerdem, wenn er gelegentlich in Rom zu einer Erstkommunion oder aus anderem Anlaß in eine Pfarrei eingeladen wird.

Im Mittelpunkt seiner Arbeit aber steht zweifellos seine Funktion in der Kurie, die er in einem Abschiedsbrief aus München so definierte: »Wenn ich meine Aufgabe recht verstehe, . . . geht es einfach darum, dem Petrusamt zu dienen, das im Neuen Testament mit verschiedenen Stichworten wie ›Binden und Lösen‹, ›Schlüsselgewalt‹, ›Weiden‹ umschrieben wird. Der Aspekt, in dem ich mit meinem Teil Hilfe leisten soll, scheint mir am ehesten anzuklingen in dem lukanischen Herrenwort an Petrus: ›Stärke deine Brüder‹«.

Dr. Augustin Kardinal Mayer O.S.B.

Präsident der päpstlichen Kommission Ecclesia Dei

geboren:	23.05.1911
Priesterweihe:	25.08.1935
Abtweihe:	10.12.1966
Bischofsweihe:	13.02.1972

Ein Benediktiner aus Altötting an der Kurie

Josef Müller, genannt »Ochsensepp«, einer der bekanntesten bayerischen CSU-Politiker, erzählt in seinen Memoiren, man habe ihn im Dritten Reich rechtzeitig gewarnt, daß seine Rolle als Mittelsmann zwischen Papst Pius XII. und der deutschen Militäropposition (Canaris) beobachtet werde. Der ihn warnte, hieß Augustin Mayer, Benediktinerpater und Professor an der Hochschule seines Ordens, Sant'Anselmo in Rom; ein unvorsichtiger V-Mann hatte Mayer gegenüber geredet. Die Epi-

»Nichts aufgeben vom Prinzipiellen - Kontakt halten mit den Fragen und Nöten der heutigen Wirklichkeit.«

Congregavit nos in unum Christi Amor

Die Liebe Christi hat uns zusammengeführt

Das Kardinalswappen von Augustin Mayer ist zugleich sein Abtwappen. Rechts ist auf goldenem Grund der schwarze Reichsadler und darunter sind auf blauem Grund die weißen französischen Lilien zu sehen: ein Hinweis auf Karl den Großen, der über beide Länder gebot. Links oben die Madonna von Altötting, dem Geburtsort des Kardinals. Darunter drei Hügel, Hinweis auf die drei Bereiche, denen Leben und Schaffen von Augustin Mayer gewidmet war: bayerisches Land, Orden und Kirche von Rom. Ganz unten: drei in sich verschlungene Ringe, Symbole der Dreifaltigkeit.

sode zeigt, daß Kardinal Mayer nicht zu jenen Kirchenmännern gehörte, die Widerstand für sinnlos hielten.

Daß man von Mayer selbst dazu nichts hört, hat mit Bescheidenheit und Diskretion zu tun, die charakteristisch für ihn sind. Im übrigen gilt er als einer jener stillen Arbeiter an der Kurie, die ihre Pflicht tun und sich selbst nie in ein besonderes Licht setzen – ganz im Sinne von Benedikts Regel: »Bete und arbeite.« So nimmt es nicht wunder, daß man hierzulande, wo er weder als Erzbischof noch als Kardinal öffentlich in Erscheinung getreten ist, kaum etwas über ihn weiß; er dürfte bei uns der unbekannteste deutsche Kardinal sein.

Mayers Bescheidenheit und Zurückhaltung haben zweifellos damit zu tun, daß er auch als Mitglied der römischen Kurie immer Benediktinermönch geblieben ist – von jener Art, die Kultiviertheit und Bildung mit einem einfachen Lebensstil verbinden. (Das ging bei Mayer so weit, daß er sich nicht zu fein war, mit den »normalen Bediensteten« des Staatssekretariats in der Kantine zu essen.)

Der Ordensmann ist seiner Heimatabtei Metten (an der Donau, zwischen Regensburg und Passau) bis heute eng verbunden geblieben. In Metten hatte der Altöttinger Generalssohn (Jahrgang 1911) das Gymnasium besucht, hier war er 1930 in den Orden eingetreten, hier unterrichtete er später an »seiner« Schule – bis 1939. Dazwischen hatte er in Salzburg und an der römischen Kloster-Universität der Benediktiner, Sant'Anselmo, studiert; die hervorragenden Zeugnisse hätten ihn freilich zum Besuch des berühmten deutschen Theologen-Kollegs Germanikum befähigt. Seltsame Fügung: 1939, genau einen Tag vor der fälligen Einberufung zur Wehrmacht, holte man ihn als Theologieprofessor nach Sant'Anselmo.

Obwohl 27 Jahre in Rom, haben ihn seine Mitbrüder 1966 zum Abt von Metten gewählt; 1968 wurde er Abt-Präses der Bayerischen Benediktiner-Kongregation. Es blieb ein kurzes Intermezzo in der geliebten weißblauen Heimat: Papst Paul VI. berief den romerfahrenen, fließend italienisch und lateinisch sprechenden Benediktiner 1971 zum Sekretär der Vatikanischen Kongregation für die Ordensleute und Säkularinstitute. Ein Jahr später wurde er zum Bischof geweiht.

Daß ihn der Papst in die Kurie wünschte, mag wohl mit den positiven Erfahrungen zusammenhängen, die man während des Konzils mit ihm gemacht hatte. Man sagt ihm zwar nach, er sei kein »Schnelldenker«, doch habe er gerade bei der Ausarbeitung des Konzilsdekrets über die Priesterausbildung bewiesen, daß er eine gestellte Aufgabe klar und durchsichtig lösen könne. Nur so konnte wohl das kleine Wunder geschehen, daß jenes Dekret als einziges ohne lange Diskussion breite

Zustimmung fand: 2318 Ja-Stimmen gegen 4 Nein-Stimmen. Und die Theologen Karl Rahner und Herbert Vorgrimler schrieben in ihrem »Konzilskompendium« dazu, das Dekret lasse zwar viele Wünsche offen; doch seien seine Direktiven »nicht ›reaktionär‹, und ihre Realisierung in Seminaren wie Fakultäten wäre sicher dazu geeignet, das Antlitz der Kirche zu erneuern«.

Dreizehn Jahre lang arbeitete Erzbischof Mayer, »mit dem wir immer gut zurechtgekommen sind«, wie mancher Abt hier bestätigt, in der Ordens-Kongregation. Nie hat er den Eindruck eines »bürokratischen Funktionärs« erweckt; die mit ihm zu tun hatten, heben Menschlichkeit, bestechende Intelligenz und unauffälligen Fleiß hervor.

Seine benediktinische Herkunft kann Kardinal Augustin Mayer, der ehemalige Abt von Metten, nicht verleugnen. Kultiviertheit und Bildung verbindet er mit einem einfachen Lebensstil.

»Eine Kardinalserhebung ehrt immer auch die Kirche in der Heimat und stärkt ihre Verbundenheit mit dem Stuhl Petri.«
Johannes Paul II.

Zwei Leitlinien prägen ihn nach eigenen Worten: »Nichts aufgeben vom Prinzipiellen« und »Kontakt halten mit den Fragen und Nöten der heutigen Wirklichkeit«. Dies sind genaugenommen Umschreibungen für einen Konservatismus angelsächsischer Machart; sie deuten auf behutsames Verändern, keineswegs aber ängstliches Festhalten am Hergebrachten.

Deshalb ist es gar nicht so erstaunlich, daß er es ist, der die meisten Frauen - geradezu beispielhaft für die römische Kurie - nicht nur als Schreibkräfte, sondern durchaus auch in gehobenen Positionen beschäftigt. Mayer beauftragte auch eine Frau mit der Führung des Amtes für die Generalkapitel und Konstitutionen der Frauenorden. Im Gespräch hebt er immer wieder hervor, wieviel die Kirche heute besonders den Ordensfrauen zu verdanken habe.

1984 hat Papst Johannes Paul II. den damals 73 Jahre alten Kurien-Erzbischof zum Pro-Präfekten gleich zweier Kongregationen befördert: für die Sakramente und für den Gottesdienst. Die nach dieser Ernennung nicht überraschende Erhebung in den Kardinalsstand darf dennoch auch als Anerkennung für die bisher geleistete Arbeit verstanden werden.

Seit 1988 ist Kardinal Mayer im Ruhestand. Der Papst hat ihn jedoch mit einer wichtigen Aufgabe betraut, die viel Fingerspitzengefühl voraussetzt. Mayer ist mit der Rückführung jener Lefèbvre-Priester und -Priesterkandidaten beauftragt, die sich nach der Suspendierung des französischen Erzbischofs wieder dem Vatikan angeschlossen haben. Die in Wigratzbad im Allgäu gegründete und beheimatete Petrus-Bruderschaft ist ein Werk Kardinal Mayers. Gegenüber Kritikern wehrt er sich mit den Worten: »Wenn diese Männer sich von Lefèbvre lossagen, muß man ihnen auch zeigen, daß sie bei uns willkommen sind.«

Bischof
Dr. Paul Josef Cordes

Vize-Präsident des Päpstlichen Rates für die Laien

geboren:	05.09.1934
Priesterweihe:	21.12.1961
Bischofsweihe:	01.02.1976

Für Priester und Laien gleichermaßen engagiert

Als der Paderborner Weihbischof Dr. Paul Josef Cordes 1980 nach Rom ging, um an der Kurie zu arbeiten, tat er einen mutigen Schritt. Statt eine geistliche Karriere im deutschen Episkopat anzustreben, stellte er sich der zentralen Regierung der katholischen Kirche zur Verfügung. Neben den Kardinälen Joseph Ratzinger und Augustin Mayer ist Dr. Paul Josef Cordes der dritte Bischof aus Deutschland. Die drei Bischöfe stellen den eher bescheidenen Beitrag der deutschen Kirche zur

Als seinen ersten Deutschen berief Papst Johannes Paul II. Bischof Cordes an verantwortliche Stelle an die römische Kurie.

Internationalisierung der Kurie dar, die vom Zweiten Vatikanischen Konzil gefordert worden war.
Bischof Cordes ist ganz und gar ein Mann der Kirche. Bereits 1972 war er der Bitte des damaligen Vorsitzenden der Deutschen Bischofskonferenz, Kardinal Döpfner, gefolgt, als Referent für pastorale Fragen in das Sekretariat der deutschen Bischofskonferenz überzuwechseln, statt eine Vikarstelle in Hagen anzutreten. Kardinal Döpfner, der Paul Josef Cordes freundschaftlich verbunden war, weihte ihn auch Anfang 1976 zum Weihbischof von Paderborn.
Die Weichen des Lebensweges von Paul Josef Cordes waren nicht von Anfang an für den Priesterberuf gestellt. 1934 in Kirchenhundem, Sauerland, geboren, wollte er nach dem Schulbesuch und der Reifeprüfung 1955 das Medizinstudium beginnen, und durch den Krankenpflegedienst sich auf den Arztberuf vorbereiten. Doch bereits nach zwei Semestern wechselte Cordes das Studium und begann in Paderborn mit der Theologie. Während der Jahre 1957 und 1958 war er Student der katholischen Fakultät Lyon. Wesentliche Impulse für seinen späteren Lebensweg bekam er in Frankreich. Es prägten ihn der Hirtenbrief von Kardinal Suhar »Der Priester in der Welt der Menschen« (1949), und das Buch des Priors der Kleinen Brüder Jesu, Rene Voillaume »Mitten in der Welt«. Zu den geistlichen Zentren des Landes, beispielsweise Lourdes, Taize und Chartres nahm er Kontakt auf.
Auf die Fortsetzung des Studiums in seinem Heimatbistum folgte das Diakonat in Minden und die Priesterweihe am 21. Dezember 1961 durch Kardinal Lorenz Jaeger in Paderborn. Der in der Pfarrei St. Michael in Hagen vorgesehene Dienst verkürzte sich auf Vertretungen: Kurzfristig wurde es notwendig, Cordes nach Driburg zu versetzen, wo er vorübergehend im Studienheim St. Klemens aushelfen sollte. Diese Aushilfe wurden dann vier Jahre der Zusammenarbeit mit den jungen Männern, die nach Abschluß ihrer Berufsausbildung das Abitur anstreben, um den Priesterberuf zu wählen.
Ostern 1960 wurde Cordes an das Collegium Leoninum in Paderborn berufen, um Theologiestudenten auf ihrem Weg zum Priesterberuf zu begleiten. 1969 beurlaubte ihn der Erzbischof zur Fortsetzung der theologischen Dissertation, die sich wiederum mit »Dienst und Leben der Priester«, wie es ein Konzilsdekret formuliert, beschäftigte. In Mainz promovierte Cordes mit dem höchsten Prädikat »summa cum laude«, »Sendung und Dienst«, heißt der Titel seiner Arbeit.
Nach der Mitarbeit im Sekretariat der Deutschen Bischofskonferenz erwartete Cordes in Rom ein ganz neues Thema

und Aufgabengebiet. Nicht den Priestern, sondern den Laien sollte zukünftig sein Interesse gelten. Bischof Dr. Paul Josef Cordes wurde Vizepräsident des Päpstlichen Rates für die Laien. Präsident dieses Päpstlichen Rates ist Kardinal Eduardo Pironio. Die »Regierungsmannschaft« des Papstes umfaßt neben dem Staatssekretariat neun Kongregationen, drei Gerichtshöfe und zwölf Päpstliche Räte. Während die Kongregationen, weltlichen Ministerien vergleichbar, schon sehr lange bestehen, sind die Räte neueren Datums.
Unter ihnen ist der Päpstliche Rat für die Laien einer der wichtigsten. Schon unter Papst Paul VI. war der Wunsch vorgetragen worden, diesen Rat in eine Kongregation umzuwandeln. Doch wie der Vatikankenner Luitpold A. Dorn in seinem neuen Buch »Der Papst und die Kurie« (Herder) feststellt, hieß das, die Dinge auf den Kopf zu stellen. Warum das? Dorn argumentiert: »Kongregation ist seit je eine Versammlung von Kardinälen und seit Konzilszeiten auch von einigen Ortsbischöfen und Ordensoberen. Im Laienrat, von Paul VI. am 6. Januar 1967 probeweise ins Leben gerufen, gaben von Anfang an die Laienmitglieder den Ton an. Bischöfe und Kleriker waren nur Berater. Hätte man dieses Organ zur

Der 88. Deutsche Katholikentag, 1984 in München, zieht auch viele junge Menschen an. Andächtig und aufmerksam lauschen sie den Worten des Bischofs Paul Josef Cordes.

Kongregation erhoben, wäre das Verhältnis zwangsläufig umgekehrt, wären die Fachleute im Laienstand wieder nur zu Beratern geworden. Heute haben sie erhebliches Mitsprache- und (natürlich nur über den Kardinalspräsidenten ihres Rates) in bestimmten Fällen auch Entscheidungsrecht - ohne an die rigorose Verfahrensweise einer Kongregation gebunden zu sein«.

In seiner Tätigkeit als Vizepräsident des Laienrates trifft Bischof Cordes auf sehr unterschiedliche Situationen. Anders ist die Stellung der Laien in den USA, Kanada oder Deutschland, als in lateinamerikanischen Basisgemeinden, anders in den indischen Armenvierteln als in den Ländern des Ostblocks. Bischof Cordes begnügt sich nicht damit, die Eingaben der verschiedenen Laienverbände an den Vatikan zu studieren, sondern er geht »vor Ort«. Aufgrund der umfassenden Informationen aus der Weltkirche kann er sich durchaus mit heftigen Worten gegen, wie er meint, Maßlosigkeiten in den Forderungen deutscher Laienverbände zur Wehr setzen.

Die sanfte Welle ist Cordes Sache nicht. Als Kurienkardinal mit guten Kenntnissen der kirchlichen Landschaft in Deutschland nimmt er seine Landsleute keineswegs in Schutz, sondern liest ihnen notfalls die Leviten.

So erst geschehen im Anschluß an die »Kölner Erklärung«, in der 163 Theologieprofessoren neben dem Regierungsstil des Papstes auch die Kurie kritisierten. Bischof Cordes stellte sich in einem Beitrag der »Akademia«, der Zeitschrift der Studentenverbindung CV, vehement auf die Seite des Papstes und der Kurie. »Die heutigen Gegner von Amt und Person des Papstes haben erkennbar an Boden gewonnen. Sie greifen nicht zu Mitteln der Gewalt wie Ali Agca am 13.5. 1981 auf dem Petersplatz ... Sie nutzten vielmehr die Methoden der klassischen Manipulatoren des Altertums, die Sophistik.«

Nachdem Cordes versucht, solche Manipulationen aufzuzeigen, kommt er zu dem Schluß, einige deutsche Professoren würden komplexe Fragen versimpeln und würden so »den Ruf von der Sachlichkeit und Verläßlichkeit der deutschen theologischen Wissenschaft« zerstören. Cordes ist der Meinung, das Verhältnis zwischen deutschen Katholiken und Rom müsse sorgfältig überprüft werden. Deutschland leide immer noch unter den Folgen der Reformation und der Weisung Luthers »an dies eine haltet euch nach meinem Tod: an den Haß auf den römischen Papst.«

Um diese seine Sicht zu belegen, erzählt Bischof Cordes, als er vor mehr als neun Jahren nach Rom gegangen sei, habe es an Kommentaren von Freunden und Bekannten nicht gefehlt: »Wer hat dir das wohl eingebrockt?« »Können Sie sich nicht

gegen die Ernennung wehren?« Ein Mitbruder schrieb: »Du nach Rom? Ich kann dich nur bedauern.« - Dann traf ich auf einen der Mönche von Taize, jener Gemeinschaft, die in der Reformierten Kirche entstanden ist. Ich erzählte ihm - einem waschechten Hamburger Protestanten - von meinem Wechsel zum Vatikan. Er »Freuen Sie sich! Rom, das ist das Herz der Kirche.« Cordes kommentiert: »Ich war verwundert, daß sich ausgerechnet ein Nicht-Katholik so äußerte. Aber wir entdekken den wahren Wert eines Schatzes wohl erst nach seinem Verlust.«
Die harsche Kritik des Kurienkardinals Cordes an bestimmten Vorgängen in der katholischen Kirche Deutschlands schmälern freilich nicht seine Verbundenheit mit der Heimat. Wann immer es geht, besucht er seine Angehörigen und Freunde im Sauerland. Einen Termin versäumt Bischof Cordes nie: den Wallfahrtsgottesdienst mit mehreren hundert Gläubigen am heimatlichen Marienwallfahrtsort Kohlhagen. Denn gemeinsam mit dem Papst hat er eine große Verehrung zur Gottesmuter Maria.

Die katholische Kirche im Bereich der Berliner Bischofskonferenz

Die Zahl der katholischen Christen im Bereich der Berliner Bischofskonferenz beläuft sich derzeit auf ungefähr 1,1 Millionen. Bei einer Gesamtbevölkerung der Deutschen Demokratischen Republik von 16640059 Einwohnern (Statistisches Jahrbuch - 31.12. 1985) beträgt der prozentuale Anteil rund 6,5 Prozent.

Jurisdiktionell und geographisch gliedert sich die katholische Kirche im Bereich der Berliner Bischofskonferenz in sechs Jurisdiktionsbezirke: das Bistum Berlin (ohne den in Berlin (West) gelegenen Anteil), das Bistum Dresden-Meißen, die Apostolische Administration Görlitz und die Bischöflichen Ämter Erfurt-Meiningen, Magdeburg und Schwerin.

Die Leitung der Jurisdiktionsbezirke liegt in den Händen von sechs Bischöfen, denen sechs Weihbischöfe zur Seite stehen.

Die Berliner Bischofskonferenz ist der Zusammenschluß aller Bischöfe und Weihbischöfe aus den sechs Jurisdiktionsbezirken. Sie ist gemäß Entscheidung des Heiligen Stuhles vom April 1976 selbständige Bischofskonferenz mit eigener kirchenrechtlich bindender Autorität.

Der Ständige Rat der Berliner Bischofskonferenz wird gebildet vom Vorsitzenden und Stellvertretenden Vorsitzenden der Konferenz sowie einem dritten Mitglied, derzeit Bischof Bernhard Huhn, Apostolischer Administrator von Görlitz. Generalsekretär der Berliner Bischofskonferenz ist Prälat Josef Michelfeit.

Die Berliner Bischofskonferenz ist vertreten im Rat der Europäischen Bischofskonferenzen (CCEE). Ihre Mitglieder arbeiten mit in verschiedenen Kongregationen und Sekretariaten der römischen Kurie.

Das Bistum Berlin - der Ostteil der Diözese

Bischof: Georg Sterzinsky

geboren: 09.02.1936
Bischofsweihe: 09.09.1989

Weihbischof: Wolfgang Weider

Das Bistum Berlin hat seine Wurzeln in der bedeutenden katholischen Tradition der vier mittelalterlichen Bistümer Brandenburg, Havelberg, Kammin und Lebus. In der Reformation gingen sie unter.

Durch die Zirkumskriptionsbulle »De salute animarum« (16.7. 1821) wurden die kirchlichen Verhältnisse in Preußen neu geordnet: die Pfarreien Berlin, Potsdam, Spandau, Frankfurt/Oder, Stettin und Stralsund, die vorher dem Apostolischen Vikariat Niedersachsen unterstanden, wurden der oberhirtlichen Leitung der Fürstbischöfe von Breslau unterstellt. Die Fürstbischöfe beauftragten den jeweiligen Propst von St. Hedwig, Berlin, als Delegaten mit der Verwaltung. Die Einrichtung der Fürstbischöflichen Delegatur für Brandenburg und Pommern bestand von 1821 bis 1929. Aufgrund des Konkordats, das zwischen dem Heiligen Stuhl und dem Freistaat Preußen am 14.6. 1929 abgeschlossen und am 13.8. 1929 ratifiziert wurde, errichtete Papst Pius XI. am 13.8. 1930 das Bistum Berlin. Im Zuge der Errichtung von Diözesen in den polnischen Westgebieten durch den Heiligen Stuhl im Jahre 1972 wurden die Gebiete, die östlich der Staatsgrenze der DDR lagen, ausgegliedert und das Bistum Berlin durch Dekret vom 28.6. 1972 unmittelbar dem Heiligen Stuhl unterstellt.

Gesamtbevölkerung:	ca. 3500000
Katholiken:	ca. 180000
Pfarreien/Seelsorgestellen:	150
Weltpriester:	173
Ordenspriester:	25
Ständige Diakone:	7
Seminaristen:	35
Ordensleute (männlich):	31
Ordensleute (weiblich):	415
Kirchl. Bildungseinrichtungen:	5
Caritative Einrichtungen:	68

Bischof:
Gerhard Schaffran

geboren: 04.07.1912
Bischofsweihe: 22.01.1963

Weihbischof:
Georg Weinhold

Fläche des Diözesangebietes:	16934 km^2
Gesamtbevölkerung:	5080000
Katholiken:	268000
Pfarreien/Seelsorgestellen:	147
Weltpriester:	217
Ordenspriester:	41
Ständige Diakone:	1
Seminaristen:	38
Ordensleute (männlich):	44
Ordensleute (weiblich):	312
Kirchl. Bildungseinrichtungen:	14
Caritative Einrichtungen:	63

Bistum Dresden-Meißen

Das Bistum Meißen wurde gegründet im Jahre 968. Trotz eifriger Missionstätigkeit besonders der Bischöfe Eido (992-1015) und Benno (1066-1106) faßte das Christentum unter den slawischen Volksstämmen nur langsam Fuß. Bischof Johann IX. v. Haugwitz (1555-1581) resignierte in die Hände des protestantisch gewordenen Domkapitels. Die Bischöfliche Jurisdiktion über die Lausitz hatte er dem Dekan des Bautzener Kollegiatsstiftes, J. Leisentrit, übertragen. Dieser sorgte durch seine ebenso besonnene wie entschiedene Haltung für den Fortbestand des Katholizismus in diesem Gebiet. Bahnbrechend wurde sein Kirchengesangbuch.
Zum Bistum gehören auch sorbische Katholiken, ansässig vor allem im Gebiet zwischen Bautzen und Kamenz.
Durch die Apostolische Konstitution »Sollicitudo omnium ecclesiarum« vom 24.6.1921 wurde Meißen als exemptes Bistum wiederhergestellt und das Kollegiatskapitel zum Domkapitel erhoben.
Mit der Verlegung des Bischofssitzes von Bautzen nach Dresden wurde am 15. November 1979 auch der Name geändert in Bistum Dresden-Meißen.

Apostolische Administratur Görlitz

Die Apostolische Administratur Görlitz wurde vom Heiligen Stuhl am 28. Juni 1972 errichtet. Sie wurde gebildet aus dem Anteil der Erzdiözese Breslau/Wroclaw, der auf dem Gebiet der Deutschen Demokratischen Republik liegt. Seit 1947 war Görlitz Sitz des Kapitelsvikars für das westlich von Oder und Neiße gelegene Gebiet der Erzdiözese Breslau/Wroclaw. Dort entwickelte sich auch das Erzbischöfliche Amt. Nach dem Tod des Fürsterzbischofs von Breslau, Kardinal Bertram, am 6. Juli 1945 war Dr. Ferdinand Piontek zum Kapitelsvikar gewählt worden. Papst Johannes XXIII. ernannte ihn zum Titularbischof. Die Bischofsweihe empfing Dr. Piontek im Alter von 80 Jahren am 24. Juni 1959 in Görlitz.
Zur Apostolischen Administratur Görlitz gehören auch sorbische Katholiken. Traditionsreiches Zentrum ist die Pfarrei Wittichenau.

Bischof:
Bernhard Huhn

geboren:	04. 08. 1921
Bischofsweihe:	11. 12. 1971

Weihbischof:
Rudolf Müller

Fläche des Diözesangebietes:	9700 km^2
Gesamtbevölkerung:	1000000
Katholiken:	64000
Pfarreien/Seelsorgestellen:	59
Weltpriester:	75
Ordenspriester:	6
Ständige Diakone:	6
Seminaristen:	15
Ordensleute (männlich):	11
Ordensleute (weiblich):	179
Kirchl. Bildungseinrichtungen:	9
Caritative Einrichtungen:	26

Apostolischer Administrator: Bischof Joachim Wanke

geboren:	04.05.1941
Bischofsweihe:	26.11.1980

Weihbischof: Hans Reinhard Koch

Fläche des Jurisdiktionsbezirks:	12000 km^2
Gesamtbevölkerung:	2240000
Katholiken:	246000
Pfarreien/Seelsorgestellen:	181
Weltpriester:	245
Ordenspriester:	31
Ständige Diakone:	8
Seminaristen:	30
Ordensleute (männlich):	36
Ordensleute (weiblich):	489
Kirchliche Bildungseinrichtungen:	14
Caritative Einrichtungen:	63

Bischöfliches Amt Erfurt-Meiningen

Die katholische Kirche im Thüringer Raum erfährt ihren administrativen Ausdruck im Bischöflichen Amt Erfurt-Meiningen. Sie nimmt ihre Aufgabe wahr in vier landschaftlich wie volkstumsmäßig unterschiedlichen Landstrichen: das thüringische Zentralgebiet mit starkem Diasporacharakter; das Eichsfeld als nach wie vor nahezu durchgängig katholisches Siedlungsgebiet; das Dekanat Geisa in der Rhön; das Bischöfliche Vikariat Meiningen.

Geleitet wird die katholische Kirche im Thüringer Raum vom Apostolischen Administrator in Erfurt und Meiningen, der über alle Vollmachten eines residierenden Bischofs verfügt und vom Heiligen Stuhl unmittelbar bestellt wird.

Die katholische Kirche verfügt in dieser Region über eine alte Tradition. Herausragend ist vor allem die Person und das Wirken des hl. Bonifatius, der im Jahre 742 das Bistum Erfurt gründete. Es umfaßte wohl das Thüringer Stammesgebiet in der Umgrenzung von Thüringer Wald, Saale, Unstrut, Helme und Harz, im Nordwesten vom Eichsfeld, im Südwesten von einer Linie Salzungen - Vacha in der Rhön. Um 754 war das Bistum Erfurt bereits wieder aufgelöst und dem Bistum Mainz eingegliedert, zu dem es dann über 1000 Jahre gehörte.

Bischöfliches Amt Magdeburg

Apostolischer Administrator: Bischof Johannes Braun

geboren: 28.10.1919
Bischofsweihe: 18.04.1970

Weihbischof: Theodor Hubrich

Die katholische Kirche im Bereich des Bischöflichen Amtes Magdeburg, das Land zwischen Salzwedel und Zeitz, zwischen Halberstadt und Lauchhammer, hat eine altehrwürdige Tradition. Bereits 804 wurde das Bistum Halberstadt errichtet, in dessen Bereich sich im 10. Jahrhundert ein Zentrum des Reiches und der Kirche entwickelte. Im Zuge einer kirchlichen Neuordnung wurde 968 die Magdeburger Kirchenprovinz gebildet mit einem Erzbistum Magdeburg und den ebenfalls neugegründeten Suffraganbistümern Merseburg, Zeitz und Meissen. 1032 wurde das Bistum Zeitz nach Naumburg verlegt.

Als Folge der Reformation, die von Wittenberg ausging, konnte sich in dieser Region nur eine kleine Schar katholischer Gläubiger behaupten. Die kirchliche Verwaltung wurde zunächst von der Kölner Nuntiatur wahrgenommen und nach dem 30jährigen Krieg 1667 dem Apostolischen Vikariat der Nordischen Mission übertragen. Das 1811 gegründete Geistliche Kommissariat Magdeburg gliederte Papst Pius IX. 1821 der Diözese Paderborn an. 1828 wurde Magdeburg Sitz des Kommissariates. 1949 wurde der Magdeburger Propst Wilhelm Weskamm vom Paderborner Erzbischof Lorenz Jäger zum ersten Weihbischof mit dem Sitz in Magdeburg geweiht.

Die katholische Kirche im Bereich des Bischöflichen Amtes Magdeburg wird seit Juli 1973 von einem vom Heiligen Stuhl ernannten und ihm unmittelbar verantwortlichen Apostolischen Administrator geleitet, der über alle Vollmachten eines residierenden Bischofs verfügt.

Vor welch komplexen und differenzierten Aufgaben die Kirche in diesem Jurisdiktionsbezirk steht läßt sich erahnen, wenn man sich ihren Lebensraum vergegenwärtigt: Magdeburger Börde und Altmark, Harz und Huy, die »Goldene Aue« und das Mansfelder Land, Saale und Unstrut und die Dübener Heide, und das Industriegebiet mit Leuna, Buna, Wolfen, Bitterfeld, Halle, Lauchhammer und Magdeburg selbst.

Fläche des Jurisdiktionsbezirks:	23 208 km^2
Gesamtbevölkerung:	3 903 924
Katholiken:	250 940
Pfarreien:	211
Weltpriester:	228
Ordenspriester:	11
Ständige Diakone:	16
Seminaristen:	31
Ordensleute (männlich):	27
Ordensleute (weiblich):	280
Kirchliche Bildungseinrichtungen:	21
Caritative Einrichtungen:	28

Apostolischer Administrator: Bischof Theodor Hubrich

geboren:	13.05.1919
Bischofsweihe:	07.06.1976

Weihbischof: Norbert Werbs

Fläche des Jurisdiktionsbezirks:	16 128 km^2
Gesamtbevölkerung:	1 302 100
Katholiken:	81 364
Pfarreien:	63
Weltpriester:	67
Ordenspriester:	8
Ständige Diakone:	16
Seminaristen:	13
Ordensleute (männlich):	27
Ordensleute (weiblich):	280
Kirchliche Bildungseinrichtungen:	2
Caritative Einrichtungen:	28

Bischöfliches Amt Schwerin

In den Jahren nach 1945 entstanden in Mecklenburg 41 neue katholische Kirchengemeinden. Die 25 vorhandenen Pfarreien, Kuratien oder Seelsorgestellen wandelten ihr Bild innerhalb weniger Monate. Der Grund: der ungeheuer große Zustrom von Flüchtlingen und Umsiedlern. Die katholische Kirche in Mecklenburg wurde vor eine Aufgabe gestellt, der sie nach menschlichem Ermessen nicht gewachsen sein konnte und die sie doch erfüllt hat: daß sich Menschen aus aller Herren Länder als einheitliches Volk Gottes fühlten und daß ihnen aus dieser Sicht eine neue Selbstfindung gelang. Nach und nach bekam man die Nachbarn in den Blick und richtete sich miteinander ein: die Nachkommen der alten Hofkatholiken aus Großherzogszeiten und die polnischen Saisonarbeiter, die Siedler aus Franken und Westfalen mit den Flüchtlingen und Umsiedlern aus Ost- und Westpreußen, Pommern und Schlesien, mit den Rückwanderern aus Böhmen und Mähren, Ungarn, Rumänien und Jugoslawien. »Urmecklenburger« Katholiken gibt es nur sehr wenige, meist sind sie Konvertiten.

Die Wurzeln des kirchlichen Lebens in Mecklenburg reichen weit in das Mittelalter zurück. 1160 wird Schwerin Bischofsstadt. Das gleichnamige Bistum gehört zur Kirchenprovinz Bremen-Hamburg. 1533 wird der Schweriner Bischof Magnus v. Mecklenburg protestantisch. Es dauert bis 1586, daß sich das Kapitel den neuen Verhältnissen fügt. Das Bistum, in der Folgezeit durch Administratoren verwaltet, fällt 1648 als erbliches Fürstentum an Mecklenburg und hört zu bestehen auf. Sein Gebiet aber gehörte bis 1929 zu den Nordischen Missionen, danach zum Bistum Osnabrück. Nach dem Zweiten Weltkrieg wurde Schwerin zum Mittelpunkt katholisch-kirchlichen Lebens in Mecklenburg. Am 8. April 1946 wurde der Pfarrer von Schwerin, Dr. Bernhard Schräder, Bischöflicher Kommissar für Mecklenburg, der 1959 zum Weihbischof ernannt wurde. Als seinen Koadjutor berief Papst Paul VI. 1970 den bisherigen Weihbischof in Berlin, Heinrich Theissing, und ernannte ihn am 23. Juli 1973 zum Apostolischen Administrator mit allen Rechten eines residierenden Bischofs.